다시 지리산을 간다

강영환 시집

강영환 시집

다시 지리산을 간다

지은이 강영환
펴낸이 최명자

펴낸곳 책펴냄열린시
주소 (48932)부산광역시 중구 동광길 11, 203호
전화 010-4212-3648
출판등록번호 제1999-000002호
출판등록일 1991년 2월 4일

인쇄일 2018년 5월 15일
발행일 2018년 5월 18일

ⓒ강영환, 2018. Busan Korea
값 10,000원

ISBN 979-11-88048-15-1 03810

• 저자와 협의하여 인지를 붙이지 않습니다.
• 잘 못된 책은 바꿔 드립니다.
• 이 책의 내용 중 일부 또는 전부를 저자 및 출판사의 동의없이 사용하지 못합니다.

국립중앙도서관 출판예정도서목록(CIP)

다시 지리산을 간다 : 강영환 시집 / 지은이: 강영환. ─ 부산 : 책펴냄열린시, 2018
　p. ;　cm. ─ (가슴에내리는시 ; 070)

ISBN 979-11-88048-15-1 03810 : ₩10000

한국 현대시[韓國現代詩]

811.7-KDC6
895.715-DDC23　　　　　　　　　CIP2018011197

물소리에 지워지는 발자국 소리를 들었다
쫓고 쫓기는 젊은이들을 위해
칼날 같은 통곡으로 바람을 달랜다
다시금 너에게 묻는다
나는 지금 어디로 가고 있느냐

―본문 중에서

• 본 도서는 2018년 부산광역시, 부산문화재단 지역문화예술특성화지원사업으로 지원을 받았습니다.

□자서

길을 따라 걸어 갔더니
산에 들었다
산을 읽는 건 몸일 뿐
마음이 아니다
작은 물소리에도 눈을 뜨고
한 사십 년쯤 가다보면
길이 없어도 길을 알게 된다
한 그루 노각나무로
어느 골짜기에 우두커니 서 있기 위하여
다시 지리산을 간다

2018년 5월
강영환

서문…5
차례…6

제 15 부 하늘에 걸어 놓은 길

새재에 오는 봄비…12
조개골 바우덕이…13
마천 물소리…14
유평골 동박새…15
무화과 속내…16
불일평전 화두…17
삼정이 내 건 홍등…18
문창대에 올라…19
반야봉 눈보라…20
칠선골 겨울비에…21
노고단 노을 속으로…22
형제봉 꽃샘 눈…24
치밭목 가는 길…25
유암폭포 가는 길…26
상불재 가는 길…28
가내소 폭포…29
칠선골에서 귀를 씻다…30
반야 중봉에서…31
하늘에 걸어 놓은 길…32

조개골 물가에 앉아…33
백무동 자벌레…34
영신대 풀잎…35
로타리 산장 가는 길…36
두류봉 산죽…37
연하천 가는 길…38
남부능을 타다…39
천국에 오르는 계단…40
피아골 바람소리…41
칠불봉 운무 속으로…42
제석봉 가는 길…43
연곡사에 들다…44
하동바위 앞에서…45
촛대봉에 앉아…46
지리산 맛…48
세석에 내린 별…49
청학동에서의 일박…50
법계사 사는 길…51
법천폭포 물노래…52

제 16 부 다시 지리산을 간다

다시 지리산을 간다…54
웅석봉을 마주하고…58

지리망산에서…59
운조루의 밤…60
화개재 데크…61
곡점 물레방앗간…62
허기진 지리산행…63
뼈에 든 병…64
좌탈…65
노 트레일…66
발효된 산…68
반달곰을 따라 걷다…69
변심한 애인…70
지리산 돌…72
대피소 유감…74
지리산에 미친 사람들…75
지리산 산길 따라…76
뿌리의 힘…77
서희의 사랑…78
지리산 향기…80
지리산 모기…81
지리산을 품고 와서…82
지리산 땀냄새…83
독산…84
나쁜 분들…86
물소리에 갇히다…87
마한에 앉아…88

제 17 부 능선 위의 잠

임산간도로…90
오래된 길동무…91
지리산 내 나무…92
산에 사는 것 같다…93
왜, 눈보라에 떨고 섰지…94
지리산 봄빛…95
화개에서 보낸 하룻밤…96
하봉길을 가며…97
한로부근 농평…98
능선 위의 잠…99
뱀사골 그늘 길…100
덕산 곶감…101
향기나는 산…102
섬진강 모래알…103
고사목에게…104
삼홍소 지나며…107
대피소 가는 길…108
말발굽소리…109
첫나들이폭포…110
반선에서 일박…112
와운동 가는 길…113
칭얼대는 산…114

뱀사골 오르가즘…115
길 끝에서…116
천왕봉 떠나는 구상나무…117
세석평전 가는 길…118
거림 진록 속으로…119
빗점골 떡갈나무…120
둘레길 위에서…122

해설 지리산, 섬세한 결에 스민 내면의 시간/박해림…123

제 15 부
하늘에 걸어 놓은 길

새재에 오는 봄비

봄비가 밤새 새재에 불려왔다
말릴 새도 없이 이어도에서 와
왕등재 박혀 있는 구상나무 뿌리에게
물푸레 마른 가지 움 트는 새 순에게
껍질을 깨라는 편지를 전해 주고
귀엣말로 밤 내내 다그치고 섰다
선 채로 매를 맞고 서있는 후박나무
높은 가지에 걸린 눈도 비에 젖었다
산등과 골짝 사이를 건너다니는 직박구리
날개가 젖어도 멈추지 않았다
고라니 너무 늙어 유평골에 들어
산도라지 한 뿌리도 캐내지 못할 때
골짜기에 모인 물은 수십 필 경주마가 되어
조개골을 아래로만 내달렸다
벗은 나뭇가지를 후려치면서 비는
속 쓰린 쑥밭재를 넘은 뒤
허공달골 죽순으로 일어섰다

조개골 바우덕이

조개골 작은 소에 갇혀있던 물이
가뭄 끝에 비를 만나 넘쳐난다
갇혀 있던 야생마를 풀어 내 보낸다
한동안 윗새재가 시끄러워진다
남강에까지 닿아있는 길을 따라
바위라도 굴려가겠다는 결심을 알려왔다
한 번 먹은 소신을 바꿀 수 없어
오십년 산이 되어 살던 외팔이 노인도
살이 된 산을 떠날 때가 되었나보다
중봉 기슭 살붙이로 너무 오래 살았다
숨을 놓아 말없이 성난 말을 탔다

마천 물소리

처음 눈을 떠서 안경알을 닦듯
안개가 아침 강을 씻었다
강물은 어느 벼랑 끝 물굽이를 돌아들었을까
안개 물러 난 뒤 눈부신 길이 보였다

뒤에 올 깊고 푸른 산을 심어두기 위해
가슴에 잔뜩 하늘만 들여 놓고 기다리는 엄천강에
물에 잠긴 백로 한 쌍을 떠내려 보낸 뒤
푸른빛으로 더 깊어지는 산 그림자

물을 넘치게 실은 손수레를 끌고
늙은 강이 한 번 더 굽어져 갔다
저무는 산골 사이 길어져가는 그림자
어스름 빛살 아래 바퀴자국도 남지 않았다

유평골 동박새

동박새 가제, 달뜨기능 너머로 혼자서 가제
잎 다 진 숲 마른 살이 싫어
노래를 흩뿌리고 다녔는데
먼 길 떠나지 못한 채 신갈나무에 매달려
거꾸러진 하늘에서 떠나지 못한 열매가 되더니
언젠가 떨어지리라 지저귀지도 못하고 그만
잎이 떠난 빈자리에 남은 열매로
눈이 얼어붙은 동박새 혼자 살고 있제

무화과 속내

백운동을 지나는데
무화과 나무가 실실 웃었다
가슴이 곤추 선다 그리운 꽃
둥근 속내에 꽃을 달았다니
가진 척도 없는 척도 않는 무화과
실실을 보고 있으면 눈물이 난다
피운 꽃도 드러내지 못하고
백운동에 들어 길을 찾는 은둔자
꽃을 피우지 못해 숨어 산다고
풀어내지 못한 웃음이 감춰질까
속내가 썩은 거름이 될 때까지
열매는 방긋 핀 꽃이다

불일평전 화두

바람은 왜? 고욤나무를 못살게 굴지
그런데도 나무는 춤으로 어울리지

시달리면서도 불일암 처마 끝 풍경은
노래로 바람에게 길을 묻지 왜?

벚꽃은 떨어지기만 하지 바보같이
나는 따라나서고만 싶은 거지 왜?

봉명산방 백발염옹이 성큼 떠난 뒤에도
물고기 별자리가 암자 곁에 서있지 왜?

*백발염옹-봉명산방을 세운 주인 털보 변규화

삼정이 내 건 홍등

누가 양정 골짜기에 색주집을 차렸을까
빈집 혼자 선 나무에 감이 수줍다
때마다 까치가 와서 입맛대로 먹고 가지만
잎 다 진 가지에 남아 스스로
차가운 바람에 살가운 몸 내주고 끝내 매달려
지나는 직박구리를 유혹해 본다
건드려주는 손이 없어 풀숲에 떨어져서도
초가 될 때까지 기다리는 수줍은 가슴 여럿
문 닫은 주점을 떠나 맨 처음
어디에서 홍상을 벗을까?

*양정은 지리산 삼정마을 중 하나

문창대에 올라

정상은 늘 그랬다 멀고 높아
쉬고 싶어도 그늘이 없고
내려 가야할 길만 눈에 들었다
중봉골 솟구치는 바람이
땀 식은 몸을 떨게 하지만
문창대에 올라 천왕봉 바라보니
올라야 할 정상은 다시 높았다
그곳은 내게 정복되지 않는다
목마르게 지친 몸을 다독여
한 걸음 더 깊이 들어 산맛을 보지만
내려가라고 더 멀리 간 정상이다

반야봉 눈보라

눈보라가 이마를 때리고 간다
상처 깊은 반야봉
쫓기어 산에 든 베옷 입은 사람들이
배고파 쓰러져 신갈나무가 된 이마에
바람소리로 귀신은 울고 가고
선녀는 옷을 벗어 덮어주고 갔다
땀으로 녹이는 눈길 오르막
햇살 한 가닥이 어깨를 부축해
북풍과 마주하여 버텨 서있는
구상나무 올곧은 뼈골이 이마를 빛낸다
떠나는 물소리가 봉우리를 높이고
짐승들 울음소리가 산을 더 깊게 한다
어찌 그것뿐이랴 이 산에 들어
뼈골 없이 사는 어려움을 아는 일은
나 여기 머물지 못하리라
눈보라도 선걸음에 떠나고 만다

칠선골 겨울비에

겨울비가 내린다 두류능에도
잠들고 싶은 바위 미리 잠들고
떠나지 못한 산죽 작은 발등만 젖는다
꽃밭 위에서 얼어 죽은 나비
날개에 겨울이 무자비한 서릿발을 친다
떨어진 고추잠자리 몸 위에도 후두툭
잎새에 갈색 빗방울들이 걸어간다
계곡 물소리에 눈 먼 비가 내린다
칠선골 깊은 골에 찾아 든 비가
소리 칼을 휘두르며 숲을 벌목한다
이내 대륙폭포도 얼어 차가운 벽이 될 것이다
쏟아지는 비를 피하지 못하는
날카로운 구상나무들만 고개 떨구지 않고
추위를 버텨낼 온기를 저장한다
겨울비가 침엽수 속살을 여물게 한다

노고단 노을 속으로

노고단에 걸린 노을 속으로
붉은 구름이 차츰 검어져 간다
손가락 셀 틈 없는 잠간이면
빛이 머물던 때가 훅 지나갈 것이다
노고단은 흑빛에 잠들 것이다
새들도 더 이상 날지 않을 것이다

먼 길 돌아든 산객은
천막을 치고 저녁밥을 지어야 할 때다
맨몸으로 흔들리는 풀밭에 앉아
풀잎 자락 맴도는 바람 손으로
차일봉 끝에 흔들리는 노을을 다잡는다
환영하는 한기가 몸을 감싼다

강물은 노을을 품고 떠난다
한때 젊은 나이도 산에 묻혀 떠날 것이다
산빛에 띄워 보내던 뜨거운 심장이 떨어져
섬진강 강가에 와 얼음이 될지라도
한 잔 술이 노을을 이루는 저녁

검은 눈 속에 늙은 만복대가 흔들린다

노고단을 떠나는 박각시나비 뒷모습이
노을 강을 따라 구천으로 흘러간다
어둠이 지리산을 삼킨 뒤
새들도 나무도 잠에 들 무렵이면
서쪽으로 떨어지는 별을 보며
떠나온 집이 더 그리워진다

형제봉 꽃샘 눈

잠간 스쳐가는 데도
형제 바위 곁에서는 온기가 돈다
어디서 한 눈 팔고 떠돌다가
형이 궁금하여 돌아와 곁에 앉은 아우
마음 씁쓸이가 몸을 덥히나보다
그런데도 풀리지 않는 섬진 강물
풀잎 떠나지 못해 젖어있는 이슬이
가슴을 향해 쏟아져 내린다
꿈꾸고 싶은 떡갈나무는 잠 깨지 못하고
몸 구부려 맞는 풀잎 곁에 선 이웃들
머리 위로 내리는 어설픈 눈발에
새로 돋은 잎을 태울 일만 생각한다
봄날은 잠시 나비 날개에 얹혀
키 낮은 가슴들을 태우는 불장난인가
아우가 여태 주머니에서 꺼내 들지 못한
진달래꽃 한 송이 이마에 돋아
이웃한 내가 신열이 다 오른다

치밭목 가는 길

처음 지리산 젖은 속살에 들어
산길을 가며 살내를 맡는다
날 허락하는 산길이 고맙다
산죽 밭에 너를 쓰러뜨리고
숨 가파르게 오르면서
등골 오싹하도록 땀 흘리고 싶구나
치밭목 걸린 구름에 닿을 때까지
속내를 꺼내 다 보여 주고 싶구나
말간 하늘에서 멀미같은
창백한 낮달이 뒤따른다

유암폭포 가는 길
—법천골

산에서 내린 포말은 돌로 누웠다
둥근 파도가 골에 밀물져 온다
숱하게 가슴을 향하여 몰려드는
눈보라 마주하여 폭포 가는 길
각기 다른 얼굴을 한 바위 돌들이 굴러
지쳐 갈 길을 흩어 놓는다

골짜기 메운 이 둥근 얼굴들은
어디에서 쏟아져 내려 왔을까
누구의 가슴에서 뽑혀진 이름들이
소리 내며 굴러 와 앉았을까
텅 빈 제석천을 버리고 온 가슴들은
하늘로 가는 길을 막아선다

어깨에 맨 양식과 취사도구 무게로
발자국 흔들리는 돌멩이 위에서
몸도 자꾸만 비틀거릴 때
너드렁은 눈에 덮여 길을 감추고
흘러갈 꿈에 몸을 가벼이 한다

구르는 몸을 밟고 걸어야 한다

눈썹에 쌓이는 눈을 털어내며
가슴을 향해 밀려드는
숱한 포말들을 지나가야 한다
그러기 위해서는 멈출 수 없다
시려오는 손가락 끝을 잘라내고
마비된 발바닥을 도려내야 한다

폭포는 얼음 속에 피를 멈추고
창백한 물소리를 베고 높이 걸렸다
법천골에 살아남기 위해서는
때를 말갛게 벗은 이름이 되어
모서리 다 닳은 몸을 끌고 가야 한다
소리 죽인 빙벽과 마주서기 위해
눈보라 덮어 쓴 돌로 눕고 싶다

상불재 가는 길

풀숲 헤치며 상불재 가는 길
독새풀에 베인 상처에 산거머리 들어
피를 빨아 먹고 노랗게 살이 찐다
후투티 한 마리 종아리에 날아들어
거머리를 쪼아댄다 걸음이 쓰리다
통증은 삼신봉 위에 눈썹달로 떠서
서늘한 내 가슴을 베고 또 벤다

가내소 폭포
―한신골

물은 산을 갈라서 흐르고
산은 물을 품고 높이 솟았다
문이 떨어져나간 냉동고 앞에서
몰려나오는 서늘한 포말들이
가슴을 열어 놓고 맞이한다
내 가서 얼음이 될 수 있을지
산에서 내린 물을 잘게 부수어
문 밖으로 밀어내고 있는 손이
속살을 쓰다듬고 갔다
물소리에 더 깊어지는 골짜기
물은 수직을 하늘에다 높이 걸었다

칠선골에서 귀를 씻다

혀가 굴리는 말이 듣기 싫어
귀가 그늘 깊은 칠선골을 간다
솔바람소리 따라 간다
물소리 따라 키를 세운다
새소리가 달팽이관을 씻어 갔다

남자 모음에 나뭇가지가 꺾이고
여자 자음에 바위돌에 금이 갔다

물소리가 발바닥을 적시고
새소리에 귀가 먹은 뒤
사람 말이 싫어 든 칠선골에서
자음과 모음을 모두 버린 귀가
천년 만에 해탈을 한다

반야 중봉에서

비밀한 봉우리 하나 눈에 숨기고
반야봉에 오른다
덤으로 얻은 중봉이 상봉을 만나
애태우며 보아왔던 지리산녀가
하늘을 향해 엉덩이 까고 앉아
요분질이라도 해댈 모양새다
멀리서 보면 쌍봉을 이루고
가까이 들면 숨어가 보이지 않는
산녀를 어루만지다 돌아서 나오니
날 부끄럽게 하는 노을이
눈 마주치고 선 만복대에다
지리산녀 속내를 걸어 놓았다

하늘에 걸어 놓은 길
―벽소령

쉽게 산을 허물어뜨려
하늘에 걸어 놓은 길이
산으로 다시 돌아가는 중이다
그리 쉽게 돌려 줄 바에야
애초 왜 만들었을까 의심나는
폐허가 된 벽소령 신작로가
무너진 돌덩이와 돋아난 잡풀을 껴안고
혼자 태초로 돌아가고 있다
벽소령 공원 벤치같은 돌팍에 앉아
탁 트인 의신골을 바라본다
하늘과 산이 나눠 가진 조망이
길을 이끌어 속세를 떠나게 한다
지친 나를 무너뜨려
하늘에 걸어 놓은 길이다

조개골 물가에 앉아

조개골 떠나는 물에 발을 담근다
발목이 시려 오면서 눈이 맑아지고
돌 틈 사이로 부서져 흐르는 물을 본다
조개골 버리는 높은 물소리는
누구를 만나러 멀리 가는 참일까
돌들은 서로 껴안고 자는 일로 밤을 지나고
부딪혀서 깨어지는 일로 물길을 간다
모래로 부서져 바닥에 갈앉은 바위를 본다
중봉에서 얼마나 오래 굴러 내려 왔을까
몇 만 년을 굴러 다시 어느 바닥에 가 닿을까
물소리가 지운 바위 생각에는
떨어져 누운 고추잠자리 날개가 맴돈다
나는 들고
너는 나고

백무동 자벌레

한 땀씩 옷 기워 가듯 장터목을 오른다
젖은 길을 온몸으로 밀어내며
백무동에서 오르는 길
갈수록 습한 숲바람이 몸을 이끈다
골짜기는 잡아당겨서 펴고
흐르는 등성이는 가라앉혀
잘 다린 옥양목 치마처럼 날개를 달아
바늘에 꿴 무명실로 옷을 짓듯
욕심 내지 않는 자벌레 잰걸음으로
볼 일 따로 없이도 장터목에 간다

영신대 풀잎

세석에서 바라본 영신봉 아래에는 늘
구름 꼬여 숨어있는 대臺가 있다
한여름에도 정수리에 서늘한 기운을 느끼며
마련된 제단 앞에 서 보면
누군가가 뒷덜미 채는 듯 소름이 돋는다
못 이룬 소원 한 가지씩 품어 안고
떠오르는 태양빛을 이마에 받으며
천지신명께 엎드려 기구할 때
한 겨울에도 쌓이지 않는 눈

하산을 위해 음양수로 내려설 때는
발목 붙드는 안개가
순식간에 앞을 가려 훼방놓기 일쑤지만
지리산을 몸에 들이고 싶어
누구도 몰래 영신대에 들었다면
구름 속에 낮게 엎드린 풀잎이 되어
숨 죽여 바라볼 일출을
한 번 쯤 기구해 볼 일이다

로타리 산장 가는 길

눈을 보면 맑은 산이 보이는
그대 눈에 들면
두고 온 산빛이 언제나 그립다
로타리 산장 오르는 순두류길
신설로 덮인 골짜기를 오를 때
발자국 찍어야 할 눈밭에서
처음인 그대 눈빛을 찾는다

한 걸음씩 깊은 눈에 들 때까지
깊게 찍힌 발자국을 데리고
더 높은 설국을 향해 걸어간다
행여 그대 만나려나 두리번거리면서
더 깊은 침묵 속으로 침잠해 간다
눈길은 그대 함께 가는 길이어서
끝없이 빠져드는 블랙홀이다

두류봉 산죽

어디로 가고 있느냐 그렇게
삼십 년 전에 물었을 때 너는
8부 능선에서 웃고 있었다
그곳에서 너는 한 치도 내려서지 못하고
발아래 숨긴 비트를 감추기 바빴다
잎을 스치며 지나가는 작은 바람소리나
마사토 흐르는 소리에도 귀를 열고
물소리에 지워지는 발자국 소리를 들었다
쫓고 쫓기는 젊은이들을 위해
칼날 같은 통곡으로 바람을 달랜다
다시금 너에게 묻는다
나는 지금 어디로 가고 있느냐

연하천 가는 길

반야봉 둔부에 해가 기우는 하오
길어진 숲 그림자 밟고 연하천 가는 길
목마름은 빈 수낭 속에 구겨 넣고
종아리 뭉친 근육을 달래는 내리막
미끄러지지 않기 위해 다시 발바닥을 세운다
삼각고지 돌아드는 바람소리에는
푸른 늑대 울음소리가 숨어 있다
뒤에 남기고 온 반야봉 노을 속에는
강을 건너는 새들 날갯짓이 남는다
다들 어디로 가는 길인가 바삐
가는 숲길은 울음으로 열려 있고
연하천 솟는 샘물로 떠나느니
그림자 지우는 그늘이 두터워질 때
산이 안고 있는 슬픔에 몸을 담근다

남부능을 타다

땀방울로 발자국 찍으며 남부능을 탄다
세석에서 채운 물통은 얼마지 않아 바닥이 나서
산죽 잎에 고인 이슬을 털어 먹으며
음양수 지나 함께 온 갈증을 이겨낸다
해를 바라보며 가는 남녘행 능선에는 그늘도 없고
자는 바람도 깨어나지 않아 볕살이 동무한다
삼신봉까지는 옆으로 새는 길이 없어서
남부능 끈적거리는 살맛을 가슴으로 느낀다

천국에 오르는 계단

대성골 지계곡 굵은 너드렁을 타면
영신대에 오르는 길이 나있다
하늘에서 굴러 내린 돌들이 쌓여
천국으로 가는 계단을 지어놓았다
인적도 없는 사태진 너드렁에
흔적도 찾을 수 없는 발자국 냄새를 따라
짐승 발바닥으로 찾아 가는 길은
다 올라서도 천국에 이르지 못한다

피아골 바람소리

깊고 차가운 속살이 나를 쓰러뜨렸다
하산길에 지친 발이 미끄러지면서
부엽토를 거머쥐고 바닥을 쓸었더니
독기 품은 얼음이 하얗게 숨어있지 않은가
산이 품고 있던 오랜 냉기가 뭉쳐
두터운 응어리로 쌓이고 뭉쳤나보다
이 골에 들어 바람이 된 사람들이
떠나지 못하고 땅 밑에 웅크려서
찬 기운을 쏟아내고 있었나보다

피아골에 붉게 물드는 나뭇잎도
골짜기 비탈길을 덮은 얼음도
떠나지 못하고 싸우고 있는 바람 소리가
뼈에 간직한 절규라는 것을 안다
넘어져 손으로 바닥을 쓸지 않아도
골짜기 부는 바람소리에 살이 떨려
깊은 네 속살에 들어 그냥
한기에 온 몸이 젖고 만다

칠불봉 운무 속으로

주능을 타고 세석으로 가던 때
운무 속에서 맞닥뜨린 일곱 봉우리
낙타 혹처럼 가슴에 불거져
쌓여 온 갈증을 날려 보낸다
때론 발바닥에 고이던 울렁증 때문에
봉우리 바위 틈새에 끼여 숨을 고르곤 했다
운해에 휩싸인 일곱 봉우리 사이
하늘 길은 구름이 닦아 놓은 길
물결을 이뤄 봉우리 타 넘는 운해는
한신골 물소리를 대성동에 적신다
문득 숨겨 온 칠불봉 운무가
가슴에 파도처럼 솟구쳐 올라
울렁증에 목마른 나를 데리고 다시
지리 주능을 달리고 싶어한다

제석봉 가는 길

장터목에서 천왕봉 가는 길
제석봉은 오를 때마다 비가 왔다
바람 불고 운무도 끼었다
몸을 가누지 못할 거센 비바람에
난간 쇠줄에 의지해 제석천에 오를 때
부정한 발바닥을 씻어내느라
앞도 보지 말라 눈에 비가 내렸다
누구 허락으로 제석천에 드느냐
젖혀진 우의 안으로 몰아치는 빗줄기와
속에서 흐르는 땀방울 범벅이 되어
한 마리 물고기는 하늘로 오르고
승천하지 못한 이무기가 제석봉을 떠돈다
집에 가지 못하고 구천을 떠도는 영령들과
죽이 맞아 비바람을 부르는 걸까
함부로 천왕봉에 들지 말라
통천문에도 바람 뿌리고 비를 쏟았다
누구에게는 피눈물인지 모를
그런 눈물이 내게도 났다

연곡사에 들다

틈만 나면 나는 연곡사에 간다
붉은 동백꽃이 보고 싶어
봄빛을 불러서 가고
북부도 가릉빈가도 만나고 싶어
산죽밭 바람소리를 찾아 간다

몇 번 씩이나 불 타 버린 요사채 흔적
빈터에 승병들 함성소리 들려오는데
동백나무 그늘 아래 고광순 탑비
떨어진 동백꽃으로 가슴을 데워 주는 곳
꽃무릇도 그냥 지나가지 못한다

나는 연곡사에 간다
피아골 물소리가 불러서 가고
불무장등 내려 선 파란 하늘
붉게 물든 단풍잎이 찾아서 간다
때로는 이유도 없이 간다

하동바위 앞에서

산에 들어 돌아오지 못한 삼촌을 만나러
무당에게 발목 잡혀 하동바위에 갔다
술과 음식을 차려 놓고 삼촌을 불렀다
대나무 끝을 타고 온 삼촌은
백무동 길 위의 바람이 되어 있었다
가끔 댓바람소리로 울거나 우레로 산을 떠돌았다
빨치산 탄환짐을 지고 깊은 산에 들었다가
돌아오지 못한 채 물이 되어 떠났을까
날 저물어 노을이 되어 흩어졌을까
어린 눈들이 목을 빼고 기다리는데도
여태 산죽밭을 못 떠나고 서성이고 있는가
삼촌에게 발목 잡힌 무당도
못 떠난 백무동에서 주술만 왼다

촛대봉에 앉아

하늘이 외로워서 산을 높인다
봉우리 홀로 솟기 위해 필요한 양식은
마음에 없는 박수소리가 아니라
뺨을 때리는 빗줄기와 다그치는 바람과
틈새로 스며드는 물줄기다
말을 삼키며 외따로 떨어져
안으로 다독이고 밖으로 추스려서
큰 그늘 아래 들지 않기 위하여
산은 스스로를 높여 왔다

지나온 길 위에서도 그랬다
얼마나 숱한 봉우리들이
제 자리에 우뚝 솟았는지를 보라
누가 누구를 높여 줌이 아니라
제 스스로 매무새를 가다듬지 않았느냐

혼자 오래 산에 서 있어 보면 안다
어둡고 차가운 밤이 아니더라도
뼈 속 깊이 사무치는 외로움이

솔솔 피는 물안개처럼 몸을 감싸고
깊고 깊은 나락의 우물가를 걷지 않던가
우물 속에서 보았던 검은 유혹이
새처럼 날아 절정 끝에서 울지 않았더라면
그대는 한 봉우리로 설 수 없었으리라
이제는 산 하나 높이 솟아
하늘 지나칠 일만 남지 않았느냐

지리산 맛

오래 전 일이다
대성동 임씨댁에서 일박할 때 천렵을 했다
개울에 가서 헤드렌턴을 밝히고
중치 돌멩이를 살짝 들어 올리면
노란 산메기가 잠에 빠져 있다가
갑작스런 불빛에 도망도 못가고
깜깜해진 눈앞을 헛발로 걸어가다
감싸 쥔 두 손 안에 고스란히 들었다
별빛으로 타는 모닥불에 올려
메기는 여러 차례 돌아눕기를 하더니
한 잔 술에 휘릭 날개를 달고 날아가
하늘에 별로 떴을 그 밤
지리산이 제일 맛났다

세석에 내린 별

하늘 가까운 곳에 사는 꽃들은
애시당초 별을 닮았다
별이 되고 싶은 얼굴들이 모여
밤 내내 별을 바라보다
별을 닮은 꽃을 달았다
때죽나무 꽃을 보면 안다
낮 동안에 별을 흉내 내다
가지에 핀 꽃이 모두 별이 되었다
세석에 내린 별에서
꽃향기가 나는 이유다

청학동에서의 일박

한 걸음 더 들고 싶은 청학동
하얀 날개를 타고 갔다
푸른 구름을 타고 갔다
내게서 더 멀어지기 전에
산 그림자 끊어내고
바람소리 들어내고
빈터에 별을 끌어다 앉힌 뒤
속세로 가는 물꼬리를 끊었다
가슴 넓은 어둠이 청학동이고
청학동은 눈빛 맑은 새벽이다

법계사 가는 길

운문산 하산 길에서
눈길에 찧은 엉덩방아로 허리를 다쳐
지리산에 들지 못하고
지도만 냅다 들여다보고 있던 때
무모하게 오르던 그 길이 맨 처음
허리에 통증으로 매달렸다
러셀 되지 않은 눈길에 발자국 찍으며
법계사를 향하여 한 걸음씩
나를 버리며 오를 때
산문에 쉽게 이르진 못해도
지리산에 깊이 빠진 발을 자주 건졌다

법천폭포 물노래

너를 만나기 위해서 한 달음이다
칼바위 지나고서부터
외로 돌아간 고개가 펴지지 않았다
너를 찾지 못해 유암폭포까지 오른 뒤에야
지나쳤다는 걸 알았다
되돌아 내려오는 길도 오로지 네 생각으로
나무뿌리에 걸려 넘어질 뻔도 여러 번
홈바위 아래쪽에 숨어 있는 너는
나무 잎새에 하얀 몸을 누이고
수줍은 물노래를 부르고 있었다
가까이 가지 못해도
귓전을 때리는 네 노래는
이름을 수천 번 더 부르는 동안
우린 한 몸이 되어 계곡을 떠메고
산문 밖을 나서고 있었다

제 16 부
다시 지리산을 간다

다시 지리산을 간다

살빛을 초록으로 변색시키고
뼈 속에 물도 흐르게 하고
긴 휘파람 소리를 내며
다시 지리산을 간다

내 가는 지리산에는
내 나무도 있고
내 바위도 있다
아무도 모르게 숨겨놓은 샘도 있다
모질게 심어 둔 내 길 위에서다

능선으로
계곡으로
주능으로
봉우리마다
거친 숨결을 갖다 심었다

산이 불러서 간다
산이 꼬집어서 간다

산이 간지럼 멕여서 간다
지리산은 거대한 갈증이어서
가는 이유를 찾아서 간다

가슴팍에서 불쑥 솟아나
눈에다 녹내장을 들여놓는 산
소화불량으로 가스를 채워 놓는 산
안달이 나 벼랑길을
몇 번이나 굴러야 낫는 골병들

물을 건너고
숲 그늘을 지나고
너드렁을 지나
바위를 타고 간다

비를 맞고 간다
눈보라를 안고 간다
바람을 쓰고 간다
땡볕을 이고 간다

달빛과 별빛과 구름과 함께
어둠 속에 어둠이 되어 가고
빛 속에 빛이 되어 간다

지리산은 나의 종교
이유도 없이 나는
지리산을 간다
지리산에 들어서 다시
지리산을 간다

지리산을 다녀오면
말은 새소리가 되고
살에서 숲향이 묻어난다
뼈 속에서 물소리도 샘솟고
늑대 우는 소리도 난다

지리산을 위무하기 위해
혹은 위무 받기 위해
지리산을 살다간 사람들을 위해

지리산에 살러 오는 사람을 위해
끝없이 지리산을 간다

내가 고사목이 되는 시간이 그리워
다시 지리산을 간다

웅석봉을 마주하고

일곱 살이 될 때까지 바라만 보던 산
서른이 넘어 설 때까지도
높은 그 이름을 몰랐다
지친 길 검은 숲 앞에서 힘에 겨울 때
웅석봉 흐르는 구름을 타고
천왕봉으로 달려가던 유년의 빗방울
높은 산은 언제부터인가
부르지 않아도 가슴에 살았다
엄마 품에 든 지리산을 살았다
문득 보고 싶어지면 지금도
나를 키워 준 품을 찾아 기슭 아래
바람소리로 달려가서
경호강 물소리를 끄집어낸다

*웅석봉(1099m) : 지리산 막내 봉우리. 경호강 가에 서있다.

지리망산에서

남해 사량도 지리망산에 올라
엎드려 먼 산을 우러른다
뿌연 운무 속에서도 높은 산은
바라보는 일만으로도 가슴에 파도가 인다
어디서나 안부가 궁금하여
지리산 쪽으로 고개가 돌려지고
운무에 가려 보이지 않을 때는 마음 졸여
멀리서도 느낄 수 있는 온기에
먼저 가빠져 오는 호흡을 보낸다

*사량도에 있는 산. 지리산을 바라볼 수 있다는 의미로 지리망산이라 이름 붙였다.

운조루의 밤

운조루 서늘한 저물녘은 머위 잎사귀 쓴맛이다
강냉이를 입에 문 아이들이 동구에 쏟아져 나와
봉창만한 저녁놀 앞세우고 숨바꼭질을 끝내지 못한다
들에서 돌아오는 황소가 목청 길게 뽑고 아는 체하고 지나가면
지게를 반 어깨 한 얼굴 검은 아버지가 느릿한 황소를 따라 돌아온다
어매 긴 목청이 동네 어귀에 몇 번 와 닿고서야 제 집으로 흩어져가는 아이들
데친 호박잎쌈에 풋고추 된장 찍어 적막 함께 깨물어 먹는 소리가 별을 깨운다
외로운 별에서 어느덧 코고는 소리 그치고
모기장 그물코를 빠져 나온 잠들이 별 쏟아 부운 하늘로 오를 때
어디선가 귀엣말은 간지럽게 모캐불 연기를 싸고돈다
별 사이 허공을 다니느라 배고파진 눈이
운조루 수루에 올라 여태 잠척하는 수탁처럼
푸른 별에 누워서도 잠이 오지 않는다

화개재 데크

태극주능 대간에 죽은 나무는 심지 마라
뿌리도 내리지 못할 방부목을 심기위해
생나무를 베어내고 돌을 파헤쳐
쇠말뚝을 박아 놓은 백두대간
숨통을 끊어놓는 역설에 몰입하지 말라
비바람 햇빛 속에서 그냥 가게 냅둬라
정 할 짓이 없으면
드러난 나무뿌리 흙을 덮어 주고
무너진 길 돌로 다독여 세우고
질퍽거리는 길에 마대포를 깔아
풀이 숨쉬기 좋은지 아침 저녁 살펴보라
죽은 나무를 썰어 산길에 꽂아두지 말고
사람 손으로 치장하는 일 그만 두라 제발
하늘 손이 장인이다 화개재에서는
데크 아래 그늘진 흙을 뚫고 돋아난 여뀌풀이
자꾸만 햇살이 그립다 한다

곡점 물레방앗간

겨울 지리산에 들기 위하여
중산리행 버스를 타고 가는 길
눈보라가 앞을 가로 막으니
버스는 중산리에 가닿지 못하고
곡점에다 부려놓고 돌아가 버렸다
언덕길을 걸어 중산리를 향해 갔다
허기진 몸은 자주 흔들리고
폐가로 남은 물레방앗간에 들어 라면을 끓인다
물은 흘러도 방아는 돌지 않는다
기다려도 순이는 나타나지 않고
물 끓는 소리에 눈발이 잦아들어
더 가까이 온 천왕봉이 눈 맞추자 한다
첫사랑 애인은 눈발 속에서
단단한 가슴을 열고 기다린다
눈보라 속을 걸어가서 품에 들었다

허기진 지리산행

 산행을 위해 준비물을 챙겼다
 부식으로 쌀, 감자, 멸치, 참치캔, 된장, 고추장, 김치, 고추짱아치, 건포도, 비스켓…
 장비로는 텐트, 코펠, 버너, 바람막이, 침낭, 야전 삽 등
 그리고 3명에서 3박 4일 먹을 술을 배낭에 넣었다
 댓병 소주 4병, 그것도 모자라 더하기 양주 1병
 그러고 배낭을 매려하니 일어 설 수가 없다
 지리산은 거대하므로 준비 부족으로 욕볼 수 있으니
 잘 챙기라는 선배 충고 덕분에 지리산이 배낭에 미리 들어앉았다
 배낭을 이겨낼 수가 없어 큰새골에 드는 걸 작파하고
 백무동 야영장에 텐트를 치고 베이스캠프로 삼았다
 첫날은 큰새골을 타고 칠선봉에 올라 한신골로 내려 왔다
 둘째 날은 작은새골로 들어 큰새골로 내려왔다
 베이스캠프에 도착했을 때 기다리는 건 술이었다
 마천 흑돼지를 구워놓고
 마시는 술이 지리산을 떠메고 갈 때까지
 노래를 불러 배낭 비우기를 멈추지 않았다

뼈에 든 병

지리산에서 돌아 온 날은
어김없이 배가 아프다
산을 너무 많이 삼켰나보다
값을 치르지 않는 산이라고
산빛을 너무 많이 보았나보다
눈이 아프다
귀가 아프다
산새 소리를 너무 많이 들었나보다

산길 무리한 보행으로
구석마다 쑤시는 몸이 아니라
산을 너무 많이 탐하여
뼈마디 속이 죄다 욱신거리나보다
소화해 내지 못한 지리산이
안에서 눈을 붉히고 있나보다
지리산에서 얻은 병을 치료하러
다시 지리산에 들어야겠다

좌탈
―명문 스님

지리산 법계사 바위 위에 삼층 석탑
키가 작아서 앉아 있는 줄 알았지만
높은 곳에서 굳이 서 있는 것이 나은가
스스로 돌아갈 날을 정하고
몸에 물기 닦고 앉은 채로 가버렸으니
산금이 하늘 아래 출렁거리고
물 아래 걷는 구름이 강을 건넌다

*80년대에 법계사에 거주하던 스님. 생몰연대 미상 스님은 자신이 갈 날을 예고하고 그날에 좌탈입적하였다고 함.

No Trail

길을 가로 막고 선 붉은 말 '노 트레일'
길 앞에 붙여 놓고 길이 없다한다
뭇 짐승들 편안한 거처를 위해
새들도 안심하고 알을 품을 수 있도록
풀들도 더 짓밟히지 않게 하기 위해
눈먼 자 조난당하지 않게
있는 길을 모두 지워버리고 선 '노 트레일'
지리산에는 길 없는 길이 무성하다
하지만 길은 풀숲에 살아 있고
길을 가고 싶은 짐승이 숱하다

스스로도 받아들일 수 없는 길 없음
가야할 길이 막혀 지리산은
더 이상 가고 싶은 길이 없다
'노 트레일' 앞에서 절망하지 마라
그동안 길 없는 숲을 헤매어 오지 않았느냐
애초부터 길이 놓여 있던 것은 아니다
숲을 가다보니 길이 만들어진 것이다

가로막지 않는 길은 평탄하여
쉽게 산정에 오를 수 있느니
길 없는 길을 따라 오른다면
몸은 상처 나기 쉽고 땀은 너를
낯선 풍경으로 이끌고 갈 것이다
그렇다고 책상머리에다
'노 트레일'을 붙여 놓지 말라
갈 수 없는 길은 어느 숲에도 없다
없는 길도 만들어 가는 산이다

발효된 산

지리산을 가슴에 오래 담아 두었더니
잊어먹고 있어도 스스로 발효되어
갈수록 깊은 맛이 우러난다
남부능 폭우 속을 젖은 발로 가거나
눈발 속을 얼어붙은 발가락 꼼지락거리며
두류능선을 갈 때 땀내 속에 절여 두었던 산이
파도 몰려오는 한라산 어리목에서 불쑥
가슴을 뛰쳐나와 하늘로 솟구쳤다
새가 되어 바람을 타는 날개 맛
언제나 강물 속으로 뛰어 드는 폐곡선을 따라
길마다 찍어 두었던 발자국이 떠오르고
야생화 한 떨기에도 쓰라렸던 관절
한데 섞여 발효가 된다
씹을수록 단맛이 우러나는 지리산은
더 깊어지고 높아지고 풍만해져서
사시사철 내가 모시고 살아도
땀내 전 발바닥에도 가 닿지 못한다

반달곰을 따라 걷다

지리산 삼각고지 부근에서
소리 죽이고 반달곰을 따라 걷다
눈 먼 연어를 만났다
거친 물살을 헤치고 뛰어 오르는 물고기를 잽싸게
앞발로 낚아채 어슬렁 숲으로 들어가
새끼들에게 던져 준다
바람에 흔들리는 숲 나뭇잎들이 물소리를 낸다
지리산에도 연어가 산다
연어 사는 곳에 곰이 논다

한신폭포를 넘어 세석에 오른 연어
칠선폭포를 거슬러 천왕봉에 노는 연어
깊은 지리산에 들어
물고기와 어울려 소리치고 춤추며 놀다가
사람들은 한 마리씩 연어를 품고
집으로 돌아가 아이들에게 던져 준다
연어를 받아 든 곰 세 마리가
지리산을 맛있게 뜯어 먹는다

변심한 애인

지리산은 변심한 애인이다
맘껏 치장하고 바람을 피운다
살과 살 부비며 절정을 향해
사지를 펄럭이며 가고 또 가던 오르가즘
그대 등짝에 붙어 살결을 더듬으며
체취 함께 올라 절정으로 가는 길목
골짝마다 다리를 걸쳐 놓고
판자를 깔아 길을 바꾸어 걸었다
가파른 능선에도 편안하게 다닐
새 사람을 맞는 양탄자를 펼쳐 놓아
지리산은 하늘이 준 몸을 버렸다
그대 잊었는가 내 깊은 사랑을
돌아 서버린 냉혹한 뒷모습이 아프구나

누가 내 애인을 버려 놓았을까
가끔 오는 비도 아닐 터이고
지나가는 바람도 아닐 터이다
늘상 쏟아지는 볕살은 더욱 아니다
안부가 궁금한 흑심 품은 사냥꾼이

지리산에 들어 온몸에 생채기를 내고
가슴 없는 짓거리들을 한 것이다
그대 향한 사모곡도 사치가 된 지 오래
가면 갈수록 싫증 나고
쏠렸던 마음도 부끄러워지기 시작한다
더 이상 순수하지 않는 그대 몸을
나도 내 안에서 지우고 싶다
온전한 숫처녀로 돌려 받기 전에는
깊은 내 사랑을 거둔다

지리산 돌

일박이일로 지리산을 다녀왔다
흙보다 더 많은 돌을 밟고 왔다
산길과 골짜기에서 무릎이 기억하는
돌계단이 절정 끝에서 사라질 때
몸을 덮어 주던 흙을 죄다 떠내려 보내고
가슴에 박힌 돌이 발끝에 채인다

지리산 어느 골짜기를 가더라도
누워있는 돌이 많다
굴러 온 돌과 굴러 가는 돌이 만나
물길을 만들고 골짜기를 이룬다
한 자리 머물러 청태 낀 돌도 있고
가부좌 틀지 못해 구르고 굴러
하얀 뼈로 남은 해골도 있다

바람이 깎고 가고
물이 치고 가서
한 성질머리 하던 모서리도 떨어져 나가면
가야할 길이 먼데도 주저앉아

모래의 집을 짓는 돌
산을 떠나고 싶지 않은 돌들이 박혀
길바닥에서 수행하는 법도 가지가지다

대피소 유감

예약하지 않아서 들어 갈 수 없다면
대피소는 이름을 바꿔야 한다
지친 몸을 이끌고 당도한 대피소에
빈자리가 없어 처마아래서 비를 피하고
우의를 둘러쓰고 밥을 먹어야 한다
예약은 늘 대기자로 밀려나기 일쑤고
예약 없이 갔다가 산장 인근 빈터에 내몰려
비박으로 밤이슬을 피해야 한다
한 겨울 로타리 대피소
비박하다 얼어 죽은 청년을 안다
조난을 대비한 피난처가 아니라
예약 손님만을 위하여 서있다면
그곳은 숙박업소가 아닌가

지리산에 미친 사람들

지리산에 미친 사람들이 많다
스스로 미쳤다고 말한 성락건과
산이 좋아 개명까지 했던 성산
등산로를 개척한 허만수
지리산을 살다 간 김경렬
노고단 호랑이 함태식
봉명산방 주인 변규화
지리산 통신을 열었던 최화수
주능 종주 250회를 넘긴 자이안트 이광전
지리산 산길 따라 두류 조용섭
뚜렷한 발자국을 지리산에 찍었다

내가 아는 그들만이 다는 아니다
미친 줄도 모르고 빠져 있던
내가 들먹이지 못한 이름들
이 시를 읽는 그대도 마찬가지다
지리산에 미쳤다
미치지 않고 어찌 산을 견뎌낼 수 있을까

지리산 산길 따라

산길 이어지는 내리막에서도
불현 듯 오르막은 나타난다
계속되는 오르막 산길에서도
내리막은 간간 숨겨져 있다
그대 걸어 지나 온 길이
늘 그러하지 않았느냐
오르막과 내리막은 버릴 수 없는 한 몸이다
앞으로 걸어갈 길도 또한 그러하거늘
힘들다고 서둘러 길을 외면하지 말고
그대 발이 익숙해질 때까지
산길을 벗지 말 일이다

뿌리의 힘

뿌리들이 움켜쥐고 있기에
지리산은 떠나지 못하고 서있다
천만년 바위 위에 걸터앉아
침묵을 깨뜨리고 있는 소나무 실뿌리도
거부할 수 없는 그대 힘이다
흙 밖으로 몸을 드러내 놓고도
놓지 못하고 붙들고 서있는 언덕에서
기운 빠진 산객들 손잡이가 되어 주고
오르막 발판이 되어 주고
동아줄이 되어 높은 곳으로 이끈다
셀 수 없는 나무들이 움켜진 봉우리가
키를 낮추지 못하는 이유다

서희의 사랑

평사리 들녘을 바라보고 선 눈에
사랑이 고인다 그대는
벚나무 곁에서 오래도록
하얀 눈물로 강을 지키고 앉아
강물에 담긴 산을 품고 살았다
꺼져버린 등불을 켜든 벚나무가
제 흥에 겨운 몸을 불태우고 꽃잎이
바람에 불리워 죄다 떠나고 있을 때
풀잎처럼 흔들리다 떠도는 바람 속에서
쓰리고 쓰린 검은 눈썹을 가진 소녀는
강가에 앉아 꽃잎을 풀어넣었다

짝 맞은 백로가 깊이 나는 강물이 흘러가듯
그녀 말 못한 사랑도 흘러가서
끝내 돌아오지 못할 곳으로 떠나가고
빈 강에 가득 노을이 채이면
핏빛으로 흐르는 강물을 마시곤 했다
물에 잠긴 산도 붉게 물들어
마지막 약속은 그림자를 남기고

산을 품고 잠든 강을 건너는 그대
보고프다 바람으로도 못 전하는 안부
평사리 들녘을 떠나지 못한 등 뒤에서
목마른 지리산이 깊이 잠겼다

*서희 : 박경리 소설 '토지'의 여주인공 최서희

지리산 향기

산길 어디서나 젖은 향기가 났다
발효 향이 몸에 스며
깊은 곳에 숨어 있던 가슴을 만난다
코가 그리워하는 맛일까
발바닥이 기억하는 살내일까
절여진 몸에 땀내도 가시고
분해된 기름때도 스스로 떠난 뒤
발효된 몸이 바람소리를 닮는다
물소리 따라 걷는다
몸에 밴 지리산 향이 어디 갈까봐
가슴 단추를 꼭 채우고 돌아 왔다

지리산 모기

청학동 민박집 툇마루에 앉아
숱하게 뜬 별을 세는 동안
모기는 어둠속을 날아 발목을 노린다
모기도 달랐다 워낙 센 놈이어서
물고 늘어지는 이빨도 달라
혈관 깊이 흐르는 지리산을 뽑아 갔다
신열이 나고 어지러울 때까지
멈추지 않는 그놈 채혈은
가려워서 꽃이 피면 다시 오라고
뽑아간 피 대신 상사화를 피워 놓고
손바닥이 닿기 전에 산에 들었다
산에다 내 피를 심어둘 요량으로
나를 묶어둘 속셈으로

지리산을 품고 와서

지리산을 품고 와서
쏟아 부으면
그대는 까무라친다

뱀사골 물소리로
천왕봉 바람소리로
밤하늘 울리는 빗소리로
열 번을 더 까무라친다

칠선폭포 물소리로 떨어진다
벽소령에 떨어지는 별똥별이다
노고단이 바라보는 노을이다
천왕봉이 만나는 일출이다

지리산을 품고 고요가 된 그대
지리산을 많이도 닮아
자주 나를 부른다

지리산 땀 냄새

스쳐가는 산꾼에게서 땀 냄새가 난다
풀냄새도 섞여 있고
바람 냄새도 숨어 있고
물소리도 약간은 섞여 출렁이는 냄새
내게서도 그러하리라
땀 냄새에 숨어있는 지리산 종주길이
얼마 남았느냐는 물음에도
쪼매만 가면 된다는 미소 섞인 답이
믿기지 않지만 반가운 것은
내게 물어도 같은 답을 해주는 이유에서다
진한 땀을 함께 흘리는 주능길에서
땀내 나누고 옷깃 스치며
남은 길을 물어본 뒤 멀어져 갈 때
그가 흘린 땀내를 따라가다보면
더 높은 곳 정상은 가깝기만 하다

독산讀山

청학동에 들었더니 훈장이 많다
한 훈장께서 이르는 말씀이

'독산하라'
'어떻게 산을 읽습니까'
'산에 들어 읽고
 산에 올라 읽고
 산을 나와 읽어라
 가다가 길이 짧으면 하산하라 '

삼신산에 들어 산을 읽는데
가다가 길이 짧아 하산했다

'산을 다 못 읽었으면
 집에 가서 산을 읽어라
 네 사는 곳에도 산은 허다하니
 산에서 배운 셈법으로 읽어라
 그러면 길이 보일 것이니
 그 길을 따라 네 산을 읽어라'

산을 읽다 길이 짧아
다시 지리산에 들었다

나쁜 분들

피아골 산장을 떠난 함태식씨가
연곡사 아래 천주교 피정마을에 머물 때
한동안 숲 해설사로 지리산을 살았다
그 일마저 못마땅하게 생각하는 관리소장이
훼방을 놓아 결국 산을 떠나 도시로 갔다가
지리산 걱정을 안고 세상을 떴다
산도 모르는 분들이 관리를 한답시고
신명을 바쳐 평생 가꾸어 온
산을 빼앗아 갔으니 정말 나쁘다
지리산을 망쳐 놓고도 할 말이 많을까

물소리에 갇히다

피아골은 오르는 길목마다
물소리가 가득하다
가야할 앞쪽에서도 부서지는 소리
지나 온 등 뒤에서도 깨어지는 소리
한 눈 파는 양 옆에서도
골짜기 뒤흔드는 물소리는
앙칼지게 목청 높여 추격해 오고
손톱 세워 앞에서 거칠게 몰려온다
옆은 낭떠러지 시퍼런 물 속
골짜기를 벗어날 수 없다
산을 떠나려고 아우성치는 물소리는
구르다 멈춰 선 바위돌들이
흐르는 물 앞을 가로막고 서서
서러움에 북받혀 내는 울음소리일까
집으로 돌아가지 못한 파르티잔이여
누군가의 통곡에 갇혀
피아골은 깊어져 간다

마한에 앉아

지리산 달궁 덕동상회 앞
이천년 넘게 지난 오늘 저녁에도
계곡에 부는 바람에 몸을 맡긴 낙엽이
낮은 땅으로 휩쓸리는 건 마찬가지다
회화나무 아래 놓인 평상에 앉아
잠간 그늘 속을 스쳐가는 주인장 얼굴에서
마한을 읽고 온 날 밤에
정령치 오르내리던 군졸들이 뒤따라왔다
한 치 땅을 간직하기 위해 그들은
산등을 얼마나 오르내렸을까

말 꼬리를 붙들고 오르던 왕조의 그늘이
짙은 어둠으로 덮일 때까지
평상은 차가운 몸을 내게 맡긴다
이슬 내리는 서늘한 밤에 몸서리친다
지표 아래 숨 쉬고 있을
마한의 발자국들을 보았는가
풀숲에 잠든 모기 이빨에 물려
상처가 덧나지는 않았을까

제 17 부

능선 위의 잠

임산간도로

대낮에도 한적하게 열린 정령치 가는 길 위
차에 받혀 죽은 어린 고라니
납작하게 굳은 몸을 보았다
작은 눈도 두리번거리지 못하고
나무 사이 지나가던 발가락도 골절되어
다시는 잽싸게 뛸 수 없게 되었다

길도 다 건너지 못한 고라니새끼 같으니!
네가 주인인데도 이렇다니

이 시기, 지리산 노고단 동쪽 기슭
아침 햇살 받고 일어나는 운무는
원추리 꽃 피운 춤에 빠져 있을 텐데
반야봉 노을 뒤에 찾아오는 어둠이
중산간에 남긴 흉터인 줄 알고
더 짙은 얼굴로 숨어갔다

오래된 길동무

연하봉 산길 외진 모퉁이 고사목
바람에도 몸 흔들리지 않도록
바위틈에 뿌리를 박고
목이 타는 몸을 하늘에 걸었다
아무도 눈여겨보지 않고 지나가는 길목에서
내 마시던 물도 조금 나눠 주고
몸뚱이 손으로 짚고 서서 마른 자리에
마려운 오줌을 나눠 달래도 보았다
가며오며 십년 후 아니면 더 먼 뒷날까지
손때 묻히면 나도 그러겠지
몸뚱이에 윤기가 흐르고 덩달아
마른 뿌리에도 물이 흘러 숨소리 트이면
하늘로 뻗은 가지에 새잎이 출렁거리겠지
나를 알아본 나무가 환한 춤으로
내 일출을 맞이해 주겠지
그때까지 네 곁을 찾을 수 있겠지

지리산 내 나무

칠불봉 가는 길 바위 틈서리에 서서
내리막에 손잡아 주고 서 있는 구상나무 한 그루
내 나무라 몰래 점 찍어놓고
오를 때마다 손 짚으며 반갑다 전했다
구상나무는 내 지나간 오랜 뒷날까지 남아
산길 걷는 나를 기억하고 있을 테니까
곧게 자라는 내 나무를 볼 때까지
부지런히 산에 올라 어루만지면서
가지마다에 맑은 눈빛 하나씩 붙여
지나는 산꾼 길눈이 되어 주고
밤하늘 제일 이쁜 별을 달아 주면서
가장 아름다운 이정표가 되게
산에 들 때마다 잊지 않고
가슴 미어지는 하늘 하나 키워야지

산에 사는 것 같다

비 갠 후 산에 드니
양지녘 바위 위에서 개미들이 분주하다
숲 그늘 길에는 몸을 구불거리며 가던 지렁이가
미라처럼 말라 박새 먹이가 된다
신갈나무 가지에서 동박새가 숲을 노래한다
제 풀에 투신한 잠자리들 곁을
무거운 짐 진 내가 오늘 스쳐가고 있다

왜, 눈보라에 떨고 섰지

와운동에는 구름 대신
언덕 끝에 선 늙은 소나무가
몰려오는 눈보라를 맞고 서있다
손짓하는 풀잎이 젖고 있는 것처럼
나무가 젖어 내가 불어나고
계곡이 우는 소리가 산을 깨운다
마른 나무 숲이 바람을 불러 춤을 춘다
바람이 올 때가 산이 살아나는 시간이다
산빛이 나를 유혹하는 시간이다
눈보라에 젖은 얼굴이
다시 천년을 기다린다

지리산 봄빛

묘봉과 반야봉 틈새로 누가 엿보고 있다
하늘과 땅 사이에 놓인 그 작은 틈으로
누가 발바닥을 간지르고 있는지
눈가에 번진 미소를 감추지 못한 채
꼬리를 치켜드는 물푸레나무들

작은 틈을 가득 채운 산빛 부드러운
구상나무 큰 눈 속에서 숨소리가 거친 것은
껍질 깨치는 물소리 때문은 아니다
기슭에 오르려는 파도소리 때문은 아니다
틈을 열고 들어서는 발걸음 소리들

숨어도 들키기 쉬운 몸뚱어리는
알몸의 틈새를 날아다닌다 빛과 빛
사이에서 웃는 새 잎이 나려나보다
웃음과 웃음 사이에서 엿보는 생강나무
큰 눈 속에서 쉽게 들켜버리는 낯바닥

화개에서 보낸 하룻밤

색 바랜 이름으로는 가 닿을 수 없다
강가 그 숲, 도깨비불이 새벽까지 흘러 다녔다
낯익은 유령이 뼈마디를 풀고
어디로 띄워 보낼 것인지
손과 손이 만나 은밀하게 나누는 불꽃놀이
입술은 입술을 찾아 더 목마르고
검은 숲에는 개봉되지 못한 편지가 산다
잠 든 유년의 강을 깨우며 건너다닌다
수면 위 황홀한 밤은 잠들지 못하고
낯 선 이가 띄워 보낸 수신인 없는 편지를
어깨가 반쯤 물에 잠긴 나룻배가 받는다

하봉길을 가며

한 번도 가 본 적 없는 능선에 들었다
의도적으로 그랬을까
짙은 수풀로 가로막힌 낯설고 어두워 보이는 그 길은
그러나 거기에도 동자꽃은 피어 있고
숲 그늘이 쉬고 싶은 곳을 만들던 것은 마찬가지
앞서 가고 있는 사람을 만날 수 있고
언제쯤 뒤따를 누군가를 기다려보는 설렘이 있어
홀로 걷는 산길이 외롭지 않다
한 번도 가본 적 없는 그 길에다
앞서간 누가 나를 심어 놓고 갔는지
긴 그림자 끌고 가는 그가 그립다

한로부근 농평

곤줄박이 피 토해 노래해도
누구도 눈 여겨서 듣지 않는 시월이다
한로 지나면 얼어붙을 목과木瓜 입과
쉬이 그대 곁을 떠나는 풀잎들이
마지막 열정으로 몸 태워 구애하느니
농평에서 마음을 움직여 별을 보라
가물거리던 구름은 빛을 가리우고
또 한 번 안타까움을 드러낸다

이 밤 지나면 다시 비바람 불어
새들은 멀리 황장산으로 잠적해 가고
물든 숱한 잎들이 불무장등을 채울 때
전지가위는 벌써 삭정이를 잘라낸 뒤
떠났던 사냥꾼이 돌아와 덫을 놓는다
갓 난 사슴은 쉬이 일어서지 못하지만
언젠가 우뚝 서서 어둠 속을 걸어가
통꼭봉 당단풍나무를 물고 젖을 빨리라

능선 위의 잠

누구도 손 흔들어주지 않는 숲속으로
걸어가는 그대 뒷모습이 아프다
힘든 지나온 길을 되돌아 볼 빈터도 없이
하산하는 물과 먼저 이별한다
바람소리, 새소리를 귓전으로 흘리며
반야봉을 올라 거친 숨 몰아쉬는 그대
채이던 돌부리와 발 적시던 물웅덩이
아픔으로 젖은 뚜렷한 기억을 간직하지만
지나 온 지금에 무슨 소용이 되랴
구름도 가고 햇살도 가고 바람도 갔다
아무도 없는 틈에 팔베개를 하고
쳐다 볼 것 없는 하늘에 누웠다
산정에 남은 것은 어둠과
지상에 발 내리기 싫은 별빛 뿐이다

뱀사골 그늘 길

간장소를 끼고 도는 뱀사골 오르막길
언젠가 가본 것 같은 길 위에 다시 서서
어느 벼랑을 돌아 왔는지 뒤를 굽어본다
지나온 길은 숲에 덮여 잘 보이지 않고
가야할 길은 숨가쁘게 앞서 오르지만
돌부리에 걸려 턱에까지 차는 숨결에도
숲길이 남기고 가는 그늘이 그저 고맙다

덕산곶감

하늘에서 시집 와 낯 익힐 새도 없이
홍조 띤 얼굴에 분바르고
애 터지게 누굴 다시 기다리나
한 겨울 시린 바람 속에서 애면글면
남모르는 시집살이 모진 세월에
이제는 속에까지 그윽하게 단맛이 들어
쭈굴렁 들켜버린 속내만 자꾸 붉어진다

향기나는 산

네 살에 닿은 마음이 쉬이 베여
팔뚝에 새로 난 칼금 상처가
임걸령 붉은 아침을 들여 와
참나리 붉은 꽃을 환히 피웠다

벼랑 끝에 매달린 천년송이
고난 속에서 날린 송화가루
눈에 든 삼각봉이 끝없이 높아졌다

전하는 네 향기가 높아
산은 깊은 곳이란 걸 알지만
늘 가슴에 든 산이 울어
떠나지 못하고 산길을 떠도느니

섬진강 모래알

하얀 모래가 강물을 더 푸르게 한다
노고단 살이 깎여 나간 뒤
몇 번을 부딪쳐야만 뼈로 남을 수 있을까
그리하여 하늘 비치는 물에다
제 몸 굴리고 굴려 모서리 깎고
한 곳에 모여 가슴을 열고 있을까
푸른 피, 저리도 많이 흘려보낼까

고사목에게

산록 기울어진 마당귀 한쪽 끝에
빛살무늬 가난으로 서서 그대는
손 잘린 팔을 뻗어 하늘을 건드려 본다
어깨 부추기며 머리카락을 풀어
바람 앞에 전잎을 떨어 보낸다
밝은 뜨락에 찾아와 숨은 산그늘이다

입과 눈과 귀와 손이 닫히고
발등에 떨어져 덮이는 그림자들
잎이 진 가는 뼈마디 앙상함에
얼굴 적시는 빗방울도 진즉 떠났다
꺾이고 부러져 반쯤 남은 혼으로
겨울 능선을 지탱하고 섰을 뿐

숲 속 벌목은 빈자리에 눕고
물소리는 두런두런 저물녘을 채웠다
숲 깊이 숨어간 새 불러내고
땅 밑에 스며든 물 불러내고
그늘 아래 꿈쩍하지 않는 바람

어디에 서 있을지 몰랐다

좁은 뜨락 밝은 그늘에 서서
한 떼기 주어진 빛을 셈한다
그대 불에 쫓기던 목마름이 타서
한 십년 쯤 바람을 두르고
힘들여 어깨 부추기며
바람에게 굳센 춤을 보내기도 했다

이웃들은 한사리에 모여 같은 꿈을 풀었다
넝마로 기운 벌목은 빈자리에 눕고
돌아오지 않는 새를
또는 흐르지 않는 물을
말하면서 두런두런 떠났다

입과 눈과 귀와 손이 떠나고 남은
우울한 그늘로 발등에 떨어지는 별들
잎들 쌓이고 앙상한 뼈마디로
바람 가고 새들 가고

얼굴 적시는 빗방울 떠나
꺾이고 부러져 반쯤 남은 혼들로
제석봉 겨울을 지탱하고 섰다

신명난 가위 소리에 표정이 굳어
바람이 흔들어 깨워도
그대 키운 뿌리는
천둥소리에도 지워지지 않는다

삼홍소 지나며
─피아골

산 붉어 떠내려가지 못하고 잠긴
물 붉어 소리 내지 못하고 멈춰 선
바라본 얼굴 붉어 건너지 못한 다리도
삼홍소 물낯에 빠져 길이 막힌다
지나온 부끄러움에 들여다볼수록
눈에 든 충혈을 빼내 가서
무겁게 담아 온 홍체염이
핏발을 세운 채 쉬이 떠내려간다
속살 뒤집으며 맨살로 누워 유혹하는 물빛
눈에 담고 온 날 밤 깊어
붉은 산이 가슴에다 불을 지른다

대피소 가는 길
―피아골

꽉 조인 무릎 사이 골짜기에 들어
내리는 비에 젖은 단풍잎이 곱다
길 위 돌 틈바구니에 낀
눈길 받지 못해 떨어진 잎도
비에 젖어 곧 떨어질 가지에 남은 잎도
숫처녀 입술같이 모두 곱다
젖은 길이 황홀하더냐 묻고 싶다
돌길에 미끄러져 이마 깰 뻔 했어도
삼홍소 붉은 물에 눈 씻어 가니
불 지핀 아궁이에 문이 열린다
내가 피해 가는 것은 무엇일까
괜스레 뜨거워지는 몸에서
뒤에 남은 물소리가 꼬리말을 잘라간다

말발굽 소리
―달궁

긴 골짜기 들어서 푸른 벽과 마주해 있어도
가슴은 막히지 않았다
사이에 숨은 물소리가 있어서가 아니다
직박구리 노래가 있어서도 아니다
물기 안은 바람소리와
핏발 선 눈이 시원해지는 나뭇잎들이
손 흔들어 아는체 해주기 때문이다

마한을 지나가던 바람소리다
멸망하던 왕국을 껴안은 물소리다

골짜기에 가을이 들어와
잎들 지고 새로 돋아나듯
달궁을 지나가는 사람들이 몸을 씻고
옷을 새로 갈아 입는다
물굽이 간직한 깊은 말발굽 소리가
산빛을 흩으며 달려간다
달궁이 더 깊어진다

첫나들이폭포

처음이라는 말에는
언제나 가슴이 뛴다
첫 눈, 첫 경험, 첫 만남, 첫 직장…
처음은 설렘으로 가득한 미지
늘 가고 싶은 낯섬은
오래된 수줍음이다 아니
침샘 아래 숨겨놓은 단맛이다

한신골 물가에 앉아
물 위에 떨어져 소멸하는 눈발을 본다
눈송이를 안고 소리내 흘러가는 물살을 본다
얼굴 깎여 수척해진
둥근 바위얼굴을 본다

집 나와 발붙이기 힘든 골짜기
첫 발 담그던 폭포수 아래
떠나지 못하고 서성대는 이마
지나 온 숲에 내린 첫눈 위에
찍어 둔 발자국이 깊게

깊게 봄을 꽃 피우고 사는 그대에게
맨살로 흘러가서
버짐같은 눈꽃 피우며 살고 싶다

반선에서 일박

무너뜨릴 수 없는 차고 거대한 그늘이
골짜기를 끌어안고 숲으로 간다
추위에 떠는 별빛을 한 데다 두고
온돌에 등 붙이고 몸을 지진다
뱀사골 초입 비탈에 선 노각나무가
벗은 살결로 골바람과 맞설 때
추녀 끝에 걸어놓은 감꾸러미는
뼈 속까지 단맛이 들어 곶감이 익어간다
바람소리로 깊어가는 어둠 속에서
반달이라도 방에 들여놓고
흘러 온 산길을 사근사근 주고받으면
단맛 깊어가는 반선에서 하룻밤도
길다고 느껴지지 않을 것이다

와운동 가는 길

몸 벗어버린 팔랑나비처럼
첫 눈발 흩날리는 뱀사골 초입
길게 이어진 데크를 따라 걸었다
눈길에 앞서간 발자국이 얼어붙고 있을 때
산에 든 그늘이 겹쳐 두터워진다
아직은 춥지 않은 물소리 안에
깔깔대는 아이들 웃음소리 남아 있고
떨어져 한 곳에 몰려
서로를 껴안고 온기 나누는 나뭇잎들도
눈여겨보지 않더라도 따뜻하게
겨울을 나는 법을 안다 사랑하라
떠나기 싫어 골짜기에 멈춰 선
거대한 바위 돌도 머리에 눈을 이고
만년은 더 나이 들어 보이는데
천년 나이테를 감춘 소나무를 찾아
눈발 데리고 와운동 오르막을 간다

칭얼대는 산

어디 갔냐? 물으면
산이 울어서
달래 주러
지리산에 들었다 이르소

배고픈 것도 아니고
엄마 보고픈 것도 아니면서
징 징 징 우는 산
안쓰럽지 않소?

내 귀에만
우는 소리가 들리는 건 아닌지
나도 그 산에 들면
울고 싶을 때가 많소

부둥켜안고 같이 울어
눈물이 한신골을 메운 뒤
더 큰소리로 우는 산이
가슴 아프다 이르소

뱀사골 오르가즘

깊은 지리산 그대 뱀사골에 들어
점점이 찢겨지는 근육이
마지막 절정을 향하여 힘 쏟을 때
허공을 그냥 날아가고만 싶은 뼈를
물에 버리고 살이 젖어
거품으로 떠내려 가고만싶은
지워지지 않는 막막한 허기를 안고
뱀사골 깊은 골에서 익사해 간다
어둠 속에서 누가 나를 건져 다오

길 끝에서

이곳에서 산길이 끝난다면
끝내 막장이 된다면
가냘프게 흔들리는 풀잎도 되기 싫고
노래하지 않는 바위도 되기 싫다
가시덤불 우거진 장단골 길 끝에 앉아
끝까지 찾아 올 그대를 위해
낮고 낮은 샘터로 풀숲을 숨어 흐르리

바로 이곳에서 산길이 끝난다면
구름 속 드나드는 멧새도 되기 싫고
재빨리 달아나는 바람도 되기 싫다
돌무더기 목마른 빗점골 너덜 끝에 앉아
뙤약볕 뚫고 올 그대를 위해
큰 그늘 드리운 태산목으로 서서
길을 강물 곁으로 되돌려 보내리

천왕봉 떠나는 구상나무

천왕봉 받들고 선 언덕받이에서
덩치 큰 몸 하나가 제 무게를 이기지 못해
큰 비명으로 산을 울리며 쓰러졌다
등성이 넘어 칠선골 몰아치는 날 선 바람에도
온 몸 부딪히며 버텨냈는데
이웃과 어깨 걸고 어둠을 맞서 왔는데
벌겋게 물 든 침엽을 처음 보았다
곧고 바른 자세가 천년을 갈 것 같았는데
병들어, 견딜 수 없는 비탈을 떠나는구나
물들어 떠나는 뒷모습이 아프다
너를 병들게 한 건 냉기가 아니라
살갗 풀어 헤치는 온기에 데여
속살까지 번지는 단풍으로 눈을 감았다니
이웃들 함께 물들어 이 봄날에
떠날 채비를 서두르는구나 이제
네가 지킨 천왕봉을 누구에게 부촉할까

세석평전 가는 길

산등에 내린 물 한 방울이 갈라져 간다
하늘이 낸 최초 발자국이다
나는 물 한 방울이 낸 길을 간다
바위 위에 흔적을 남기고 내린 물방울이
골짜기를 만들었다 더 깊게
하늘이 내린 길은 멀리 흘러 간다
목말라 집을 나선 짐승들이 다닌 길이다
풀숲을 갈라치고 나무숲을 가로질러
살아남기 위해 숲에 든 사람들과 함께
물방울 속으로 나는 걸어 간다
정상을 밟기 위해 더 높은 곳으로
밑창 다 닳은 비브람을 벗어놓고 맨발로
산길 맨살을 밟으며 간다 층계를 밟아
돌부리를 뛰어 넘고
쓰러진 고사목을 타 넘으면
발에 익은 길이 세석평전에 이른다

거림 진록 속으로

거림골 두터운 진록 속으로
혼자 들어가서 그늘이 된다
젖은 몸이 쉽게 뼈 속까지
돌이 킬 수 없는 연록으로 물든다
그늘 속에서 나무들과 이웃하기 위해
두 팔을 펼치고 비탈에 서면
신갈나무는 잎을 펴고
살아온 날들 밝은 기억을 쏟아낸다
햇살을 받고 가슴에 묻어 둔
그늘을 죄다 쏟아내 녹색을 피우면
작은 바람에도 춤추는 나비다
물가에 앉아 소리따라 요란하게
물에 실려가는 진록을 본다
부서지기도 하면서 멀리 가는
알몸인 연록은 허기져 내게
하늘이 내린 색을 눈에 심는다

빗점골 떡갈나무

빗점골 중턱 언덕받이에
상처 난 한 그루 이정표로 서있는
떡갈나무가 늘 깊고 푸르다
젊었을 적 어느 깊은 밤
쫓기는 누구를 대신해 총을 맞고
가슴에 구멍이 났다
죽지 않고 둥근 흉터를 안고 평생을
어디로 숨어가지도 못한 채
빗점골 모진 눈보라를 견뎌냈다

가슴에 난 구멍은
지나가는 바람이 메워주었지만
보이지 않는 상처는 더 오래 가서
흐린 날이면 뼈마디가 아리고 쑤셔
몇 번을 돌아 누워야 했다 그래도
슬하에 자식들을 거느리고 살면서
팔 하나 잘린 것보다야 낫지
다리 하나 절단된 것보다야 낫지
구겨진데 없는 건 하늘 덕이라며

다독이며 양지바른 언덕에 서서 다시
누구를 대신해 총이라도 맞아 줄 듯
쩌린 숲을 뚫고 햇살을 향해 올랐다

둘레길 위에서

산과 산을 잇는 길이 아니라
사람과 사람을 잇는 길이다

길이 없어 가는 길이 아니다
길이 너무 많아
숱한 목마름을 안고
길 하나 찾기 위해 든
내 안에 만든 길이다

앞서 간 발자국 위에
작은 발자국 하나 얹기 위해
숱하게 굽도는 모퉁이에서
다시 물 한 모금을 마신다

걷다보면 길이 아니라
흐름인 강물을 듣이게 된다

해설/

지리산, 섬세한 결에 스민 내면의 시간

박 해 림 (시인)

□해설

지리산, 섬세한 결에 스민 내면의 시간

박 해 림 (시인)

'길을 따라 걸어갔더니 산에 들었다. 산을 읽는 건 몸일 뿐 마음이 아니다. 작은 물소리에도 눈을 뜨고 한 사십년 쯤 가다 보면 길이 없어도 길을 알게 된다. 한 그루 노각 나무로 어느 골짜기에 우두커니 서 있기 위하여 다시 지리산을 간다.'

강영환 시인의 자서自敍는 이미 지리산의 일부가 되어버린 '나'를 고백한다. 지난 수십 년의 시간, 어찌어찌 지리산을 가고 또 갔는데, 가서는 수없이 되돌아 나왔는데 이젠 지리산이 시인을 놓아주지 않는다. 어디에 머물렀건 어느 시간을 살건 시인은 여전히 지리산을 벗어나지 못한다. 지리산은 진작 시인의 내면 깊이 옮겨 앉았다. 지리산이 거느린 수많은 봉우리와 계곡, 수많은 오솔길, 더 수많은 나무와 새와 벌레와 꽃과 풀, 그리고 바람과 돌멩이와 흙은 시인을 갖가지의 모습으로 빚어내었다. 그리하여 그는

'노각나무'가 되었다. 노각나무는 잎이 갓 돋은 사슴뿔 모양을 닮았다하여 처음엔 녹각鹿角나무라 하였다고 한다. 깊은 산의 계곡 근처에 살며 무척 소박하나 비단결 같은 껍질을 가졌고 품질 좋은 목기를 만드는 나무이며, 학명에 'koreana'가 쓰이는 우리나라 토종이다. 시인이 왜 노각나무가 되고 싶었는지 알 것 같다.

1.

'겨울비가 내린다 두류능에도/ 잠들고 싶은 바위 미리 잠들고/ 떠나지 못하는 산죽 같은 작은 발등만 젖는다/ 꽃밭 위에서 얼어 죽은 나비/ 겨울은 무자비한 서릿발을 친다/ 떨어진 고추잠자리 몸 위에도 후두툭/ 잎새에 갈색 빗방울들이 걸어간다'(「칠선골 겨울비에」) 지리산에 발을 들여놓은 시인은 담담히 성급한 겨울을 품에 안는다. 겨울은 곧 지나갈 것이다. 그리고 봄이 올 것이다. 사계절 지리산을 오르는 시인은 가끔 계절과 계절 사이에 끼어 있다. '동박새 가제, 달뜨기능 너머로 혼자서 가제/ 잎 다 진 숲 마른 살이 싫어/ 노래를 흩뿌리고 다녔는데/ 먼 길 떠나지 못한 채 신갈나무에 매달려/ 거꾸러진 하늘에서 떠나지 못한 열매가 되더니/ 언젠가 떨어지리라 지저귀지도 못하고 그만/ 잎이 떠난 빈자리에서 남은 열매로/ 눈이 얼어붙은 동박새 혼자 살고 있제'(「유평골 동박새」)에서도 봄을 기다린다. 한 편의 짧은 서사가 그림으로 남았다. 슬

프고 처연하면서 아름다운 풍경이다. 산을 오르는 사람들은 이 모습을 견뎌야 하고 품어야 한다.

  그간 시인이 펴낸 지리산 시집 『불무장등』, 『벽소령』, 『그리운 치밭목』, 『불일폭포 가는 길』은 각각의 지리산이 고스란히 담겨있다. 지리산의 웅혼에 가닿기 위해 40여 년의 시간을 걷고 달려왔다. '『불무장등』, 『벽소령』, 『그리운 치밭목』이 산을 타는 순서대로 연작 형태를 띠고 있기에 산을 타는 사람들에게 일목요연한 산행 정보로서도 기능한다면 『불일폭포 가는 길』은 지난 상처를 덮고자 하는 지리산을 만날 수 있다. '…지리산은 해발 1915미터로 수많은 봉우리를 거느리고 있다. 그간 지리산의 노역과 빨치산의 이야기를 쓸 때 거의 특정한 능선과 계곡, 특정한 장소에 우선하여 시선이 모였다. 그의 등반 행적을 좇아보면 지리산의 거대한 모습 그 다음 크고 작은 봉우리들과 수많은 계곡과 능선, 그리고 그 속에 뻗어 있거나 감춰져 있는 특별한 길을 만나게 된다. 지리산이 감춰놓은 길과 계곡과 봉우리들이 시인과 수많은 조우를 통해 원래의 모습을 내어놓기도 하고, 때론 상처로 얼룩진 가슴을 열어 보이기도 한다. 시인이 이 모습을 만나고 알아보기까지 참으로 많은 기간과 정성과 노력이 반복적으로 필요했다.' (『**한국 서정시의 깊이와 지평**』–강영환 편)를 통해 지리산을 알 수 있었다면 이번 시집은 지리산의 내면, 지리산에 스며든 시인의 다면적 모습을 발견한다.

그래서인지 시인이 다소 의도적으로 접근한 지리산에서 좀 더 심층적 면모를 만날 수 있다. 곰곰 대상을 다시 한 번 유추하게 한다. 궤적과 흔적을 숨겼다가 보여주는 방식의 차이, 산길, 발길 닿는 곳곳마다, 눈을 둔 허공마다, 고개를 끄덕이게 한다. 늘 그렇듯 한 발 앞서 지리산은 시인을 기다리고 있다. 특정되지 않은 지리산의 또 다른 모습과 시인의 내면에 이르는 따뜻한 길을 차근차근 만나볼 수 있다. 마치 깊고 거대한 지리산을 시인과 함께 오르듯 자주 발걸음을 멈추고 주위를 돌아보게 한다.

누가 양정 골짜기에 색줏집을 차렸을까
빈집 혼자 선 나무에 감이 수줍다
때마다 까치가 와서 입맛대로 먹고 가지만
잎 다 진 가지에 남아 스스로
차가운 바람에 살가운 몸 내주고 끝내 매달려
지나는 직박구리를 유혹해 본다
건드려주는 손이 없어 풀숲에 떨어져서도
초가 될 때까지 기다리는 수줍은 가슴 여럿
문 닫은 주점을 떠나 맨처음
어디에서 홍상을 벗을까?

—「삼정이 내 건 홍등」 전문

가까이, 더 가까이 다가오라고 손짓하는 다정다감한 사

람을 만난다. 지리산의 속내가 참 살갑다. 힘들거나 외롭다면 잠깐 앉았다 쉬어가라 하는 모양새가 익숙하다. 모른 척 그냥 지나치기엔 마음에 걸린다. '직박구리'를 핑계 삼아 잠깐 멈춰야 할 것 같다. 시인은 '빈집'임을 직감하나 곧 '빈집'이 아님을 본다. '건드려주는 손이 없어 풀숲에 떨어져서도/ 초가 될 때까지 기다리는 수줍은 가슴 여럿/ 문 닫은 주점을 떠나 맨처음/ 어디에서 홍상을 벗었'는지 자못 궁금하다. 산골짜기에서 만난 한 폭의 아름다운 세속을 헤아리며 시인은 입가가 흐뭇해지고 귀를 세운다. 이내 가슴이 콩닥거리고 뜨거워진다. 겉으로 보이는 것을 읽어내기는 쉽다. 하지만 아주 작고 섬세한 삶의 숨결이 일으키는 전율은 짧고 강렬하다.

  장터목에서 천왕봉 가는 길
  제석봉은 오를 때마다 비가 왔다
  바람 불고 운무도 끼었다
  몸을 가누지 못할 거센 비바람에
  난간 쇠줄에 의지해 제석천에 오를 때
  부정한 발바닥을 씻어내느라
  앞도 보지 말라 눈에 비가 내렸다
  누구 허락으로 제석천에 드느냐
  젖혀진 우의 안으로 몰아치는 빗줄기와
  속에서 흐르는 땀방울 범벅이 되어
  한 마리 물고기는 하늘로 오르고

승천하지 못한 이무기가 제석봉을 떠돈다
집에 가지 못하고 구천을 떠도는 영령들과
죽이 맞아 비바람을 부르는 걸까
함부로 천왕봉에 들지 말라며
통천문에도 바람 뿌리고 비를 쏟았다
누구에게는 피눈물인지 모를
그런 눈물이 내게도 났다

—「제석봉 가는 길」 전문

산에 들어 돌아오지 못한 삼촌을 만나러
무당에게 발목 잡혀 하동바위에 갔다
술과 음식을 차려 놓고 삼촌을 불렀다
대나무 끝을 타고 온 삼촌은
백무동 길 위의 바람이 되어 있었다
가끔 댓바람소리로 울거나 우레로 산을 떠돌았다
빨치산 탄환짐을 지고 깊은 산에 들었다가
돌아오지 못한 채 물이 되어 떠났을까
날 저물어 노을이 되어 흩어졌을까
어린 눈들이 목을 빼고 기다리는데도
여태 산죽밭을 못 떠나고 서성거리고 있는가
삼촌에게 발목 잡힌 무당도
못 떠난 백무동에서 주술만 왼다

—「하동바위 앞에서」 전문

강영환 시인의 발길을 따라간다. 그 길은 평지가 아니다. 내려가거나 오르거나 건너뛰어야 하거나 굴러야 한다. 각각의 이름을 달고 있는 봉우리들을 만날 때면 비도 만나고 바람도, 운무도, 눈도 만난다. 어디 「제석봉 가는 길」만 그러한 것일까. 하지만 '제석봉은 오를 때마다 비가 왔다/ 바람 불고 운무도 끼었다' 한다. '통천문에도 바람 뿌리고 비를 쏟았다/ 누구에게는 피눈물인지 모를/ 그런 눈물이 내게도 났다.' 온몸에 내리꽂히는 것은 비수와도 같은, 원망과도 같은, 통한의 피눈물이다. 통한이다. 피눈물이고 원망이 아닐 수 없다. 지리산은 다 알고 있지 않은가. 다 품고 있지 않은가. 가끔은 사람들이 그때의 일을 하마 잊을까, 비바람, 눈보라로 일깨워주는 것이라고 시인은 말한다. '집으로 가지 못하고 구천을 떠도는 영령들과/ 죽이 맞아 비바람을 부르는 걸까' 하마 잊을까 '삼촌'의 이야기가 다시 이어진다. 그때 그 시절, 수많은 아비, 어미, 그리고 삼촌들은 산으로 들어간 뒤 내려오지 못했다. 시적 화자는 '무당에게 발목 잡혀 산에 들어' 삼촌의 넋을 만나러 갔다. 삼촌은 '빨치산 탄환짐을 지고 깊은 산에 들었다가' 집으로 다시 돌아오지 못했다. 언제라도 지리산 계곡 어디쯤에서 '삼촌!' 하고 부르면 돌아보며 손을 흔들 것만 같은데 '가끔 댓바람소리로 울거나 우레로 산을 떠돌'기만 한다. 정말 '날 저물어 노을이' 되고 만 것일까. '피눈물인지 모를 눈물'이 지리산 계곡에 스며 '칼날 같은 통곡으로 바람을 달랜다'(「두류봉 산죽」), '조개골을 버리는 물소리는/ 누구를 껴안고 멀리 가는 길일까'(「조개골 물가에 앉아」), '이 골에 들어 바람이 된 사람들이/ 떠나지 못하고 땅 밑에 웅크려서'(「피아골 바람소리」) 누군가를 기다린다. 이제 지리산은 천천히, 거칠게 호흡하며 스스로 제 몸의 결을 만들고 있다.

2.

'어찌하여 내가 여기에 서 있게 되었을까, 희열과 탄식과 불안 그리고 알지 못할 그 어떤 강한 운명적 힘을 온몸으로 느끼고 있다. 밖으로 퍼져나갔다가 다시 안으로 끌어인는 파도와도 같은 반복의 과정을.'(『**한국 서징시의 깊이와 지평**』-강영환 편) 삶은 반복의 연속이다. 연속된 반복은 삶을 제대로 익혀내고 성장하고 역사를 만든다. 산다는 건 즉 반복의 연속이어서 그 자체로는 특별한 의미가 아닐 수 있다. 대부분 선택지 사항이 아니기 때문이다. 하지만 자의에 의한 반복은 다르다. 반복을 위한, 반복할 수밖에 없는 선택지일 때 비로소 운명적이라고 말할 수 있을 것이다.

어디 갔냐? 물으면
산이 울어서

달래 주러
지리산에 들었다 이르소

배고픈 것도 아니고
엄마 보고픈 것도 아니면서
징 징 징 우는 산
안쓰럽지 않소?

내 귀에만
우는 소리가 들리는 건 아닌지
나도 그 산에 들면
울고 싶을 때가 많고

부둥켜안고 같이 울어
눈물이 한신골을 메운 뒤
더 큰소리로 우는 산이
가슴 아프다 이르소

—「칭얼대는 산」 전문

시인은 지리산이 칭얼대고, 왜 칭얼대는지 그 답을 알고 있다고 한다. 시인이 지리산에 드는 이유를 굳이 말하지 않으나 모두 궁금해한다고 생각한다. 그 이유에 대하여 또박또박 밝힌다. 산이 울어서 달래 주러 갔다거나, 배가 고픈 것도 아니고, 엄마 보고픈 것도 아니면서 '징 징 징' 우는 산이 너무 안쓰러워서다. 지리산과 부둥켜안고서 쏟아낸 눈물은 한신골을 메운 후에도 울음을 그치지 않고 오히려 더 크게 운다. 하여 '나도 그 산에 들면/ 울고 싶을 때가 많소'하고 응수를 한다. 얼마나 오래, 얼마나 깊이 지리산에 들어야 산이 우는 소리를 들을 수 있을까. '내 귀에만/ 우는 소리가 들리는 건 아닌지'라고 했지만 그 울음은 귀로만 듣지 않는다. 온몸에 난 귀로 듣는다. 때론 발바닥으로, 눈으로, 가슴으로, 코로, 살결로 듣는다.

  다음의 시 역시 그러하다. '산 어디서나 젖은 향기가 났다/ 발효 향이 몸에 스며/깊은 곳에 숨어있던 가슴을 만난다/ 코가 그리워하는 맛일까/발바닥이 기억하는 살내일까/ 절여진 몸에 땀내도 가시고/ 분해된 기름때도 스스로 떠난 뒤/ 발효된 몸이 바람소리를 덮는다/ 물소리 따라 걷는다/ 몸에 밴 지리산 향이 어디 갈까 봐/ 가슴 단추를 꼭 채우고 돌아 왔다(「지리산 향기」)' 온몸에 난 코로 지리산의 향기를 맡는 시인은 가슴에 단추까지 채우며 몸 안에 지리산의 향을 가두고 있다. 어디 가지 못하게 꼭꼭 여민다.

  스쳐 가는 산꾼에게서 땀 냄새가 난다
  풀냄새도 섞여 있고
  바람 냄새도 숨어 있고
  물소리도 약간은 섞여 출렁이는 냄새

내게서도 그러하리라
땀 냄새에 숨어 있는 지리산 종주길이
얼마 남았느냐는 물음에도
쪼매만 가면 된다는 미소 섞인 답이
믿기지 않지만 반가운 것은
내게 물어도 같은 답을 해주는 이유에서다
진한 땀을 함께 흘리는 주능길에서
땀내 나누고 옷깃 스치며
남은 길을 물어본 뒤 멀어져 갈 때
그가 흘린 땀내를 따라가다보면
더 높은 곳 정상은 가깝기만 하다

—「지리산 땀 냄새」 전문

   지리산을 오르는 사람들의 땀 냄새는 어디 가지 않고 모두 약속이나 한 듯 지리산에 스민다. 산꾼들에게서 나는 땀 냄새는 '풀냄새', '바람 냄새', '물소리도 약간은 섞여 출렁이는 냄새'가 뒤섞여 있다. 냄새의 진원에는 굳이 설명이 필요 없다는 듯 '지리산 종주길이/ 얼마 남았느냐는 물음에도/ 쪼매만 가면 된다는 미소 섞인 답'을 서로 편하게 주고받는다. 산을 오르고 올랐다가 내려가는 사람들은 누가 먼저랄 것도 없이 '땀내'를 주고받는다. 헉헉 차오르는 숨을 내뿜으며 '너'에게도 '나'에게도 나는 '땀내를 따라가다 보면/ 더 높은 정상'은 한층 가까울 수밖에 없다.

그 땀은 지리산에 왜 왔느냐고 묻는 일도 없고 또 올 거냐고 물을 일이 없는 발걸음과 함께 지리산에 소복 쌓인다. 다음의 시에서 냄새는 우주를 관통한다. '하늘 가까운 곳에 사는 꽃들은/ 순전히 별을 닮았다/ 별이 되고 싶은 얼굴들이 다 모여/ 밤 내내 별을 바라보다/ 별을 닮은 꽃을 달았다/ 때죽나무 꽃을 보면 안다/ 낮 동안에 별을 흉내 내다/ 가지에 핀 꽃이 모두 별이 되었다/ 세석에 내린 별에서/ 꽃향기가 나는 이유다'(「세석에 내린 별」) 맑고 단아한 한 편의 아름다운 시를 읽는 내내 발끝에 별이 굴러다니고 사방에서 꽃향기가 번진다. 때죽나무 꽃잎은 밤이 되면 오직 별만 그리워하였기에 별 모양의 꽃잎이 되었는지 모를 일이다. '세석에 내린 별'에서 꽃향기가 날 수밖에 없는 우주적 소통에서 온몸이 귀이며, 코이며, 가슴이 된 시인을 새삼 확인한다.

산행도 일상의 한 축이다. 시인은 아쉬운 현장을 더러 목격한다. 참지 못하고 울컥한다. 산이 거기에 있으나 거기에 든 사람들은 산을 괴롭히거나 훼손하는 짓거리를 하지 말아야 한다. 산 곳곳이 망쳐지는 것을 두고 볼 수 없다. 다음의 시에서 확인된다. '피아골 산장을 떠난 함태식 씨가/ 연곡사 아래 천주교 피정마을에 머물 때/ 한동안 숲해설사로 지리산을 살았다/ 그 일마저 못마땅하게 생각하는 관리소장이/ 훼방을 놓아 결국 산을 떠나 도시로 갔다가/ 지리산 걱정을 안고 세상을 떴다/ 산도 모르는 분들이 관리를 한답시고/ 신명을 바쳐 평생을 가꾸어 온/ 지리산을 빼앗아 갔으니 정말 나쁘다/ 지리산을 망쳐 놓고도 할 말이 많을까'(「나쁜 분들」 전문) 인데 의도적 고발은 다음의 시에서 또 확인된다.

> 예약하지 않아서 들어갈 수 없다면
> 대피소는 이름을 바꿔야 한다
> 지친 몸을 이끌고 당도한 대피소에
> 빈자리가 없어서 처마아래에 비를 피하고
> 우의를 둘러쓰고 밥을 먹어야 한다
> 예약은 늘 대기자로 밀려나기 일쑤고
> 예약 없이 갔다가 산장 인근 빈터에 내몰려
> 비박으로 밤이슬을 피해야 한다
> 한 겨울 로타리 대피소
> 비박하다 얼어 죽은 청년을 안다
> 조난을 대비한 피난처가 아니라
> 예약 손님만을 위하여 서있다면
> 그곳은 숙박업소가 아닌가

―「대피소 유감」 전문

산행은 산을 찾는 모든 이에게 열려 있다. 개인의 선택을 통해 감행된다. 하지만 산을 보호하고 산행하는 사람을 보호하기 위해서 어떤 규칙과 책무와 규율이 필요하다. 문제는 대피소를 만든 본래의 취지와 목적이다. 조난, 피난,

대피 등, 안전장치의 기능을 해야 하는데 단순 '숙박업소'에 머물러 있다. 일침을 가하지 않을 수 없다. 사람이 많으면 많은 대로 공간이 좁으면 좁은 대로 현지 사정에 맞게 서로 배려하면서 대피하고 피난할 수 있어야 한다. 대피소라는 곳이 보호받는 안전한 공간이 아니라, 사전 예약제라는 상업적 발상에 숙박의 기능만을 위한 공간으로 전락한 것을 시인은 매우 우려하고 걱정한다. 민원을 넣었을 것이나 일언지하 무시당했을 것이고, 그 어디에도 이런 문제를 제기할 곳도 없다. 시인은 지리산을 찾는 산사람들의 입장을 훤히 알고 있다. 그러나 앞의 「나쁜 분들」 시에서처럼 행정 관료적 발상이 자주 지리산을 왜곡시키고 건강성을 훼손시키는 것을 가슴 아파한다. 지리산뿐만 아니라 우리나라의 산은 모두의, 누구나의 것이 되어야 한다면 관리직 책임자는 다양한 측면에서 배려기 필요히다. 좀 더 깊은 고민을 해야 한다. 부당한 관행과 처사에 대해서 비판적 안목을 키우는 것에서 시인도 예외일 수 없다. 단지 산이 좋아 산에 간다는 피상적 입장과 개인의 만족만이 산에 드는 목적이 아니기 때문이다. 지킬 건 지켜야 하기 때문이다.

3.

'나의 삶을 재구성하고 견인하는, 현세적이면서 초월적 존재'로 기능하는 지리산은 누구의 소유도 아니다. 하지만 산을 찾는 사람이라면 제 것으로 만들 수 있음을 강영환 시인은 보여주었다. 이번 시집 『다시 지리산을 간다』는 좀 더 구체적이다. 애면글면 확인한다. 내가 왜 이토록 지리산을 자주 찾는가, 도대체 지리산은 내게 어떤 의미인가 수없이 자문자답하는 내내, 발밑을 지나는 수많은 시간은 바람이 되었다가 구름이 되었다가 노을이 되어 시인의 내면을 관통한다. 들숨 날숨 가쁜 숨결을 시인이 닿는 발길에 새긴다. 질기면서 부드럽고 섬세한 생명의 표상이다. 때로는 골짜기에서, 돌멩이에서, 봉우리에서, 산등성이에서, 나무뿌리나 거대한 바위에서, 폭포에서, 수많은 나무와 꽃과 풀벌레와 열매들을 통해서 확인된다. 산길이 이어진 곳이면, 나무가 서 있는 곳이면, 폭포가 있고 돌멩이가 있는 곳이면 언제든 만난다. 세상과 이어진 수많은 갈래길을 시인은 지리산에서 찾았음을 이 시집은 보여준다.

한 땀씩 기워 가듯 장터목을 오른다
젖은 길을 온몸으로 밀어내며
백무동에서 오르는 길
갈수록 습한 숲바람이 몸을 이끈다
골짜기는 잡아당겨서 펴고
흐르는 등성이는 가라앉혀
잘 다린 옥양목 치마처럼 날개를 달아
바늘에 꿴 무명실로 옷을 짓듯
욕심내지 않고 자벌레 잰걸음으로

볼 일 따로 없이도 장터목에 간다

—「백무동 자벌레」 전문

너를 만나기 위해서 한 달음이다
칼바위 지나고서부터
외로 돌아간 고개가 펴지지 않았다
너를 찾지 못해 유암폭포까지 간 뒤에야
지나쳤다는 걸 알았다
되돌아 내려오는 길도 오로지 네 생각으로
나무뿌리에 걸려 넘어질 뻔도 여러 번
홈바위 아래쪽에 숨어 있는 너는
수줍은 물노래를 부르고 있었다
가까이 가시 못해도
귓전을 때리는 네 노래
이름을 수천 번 더 부르는 동안
우린 한 몸이 되어 계곡을 떠메고
산문 밖을 나서고 있었다

—「법천폭포 물노래」 전문

자벌레가 된 시인은 '젖은 길을 온몸으로 밀어내며' 간다. 나의 존재는 지리산에 들면서 진작 자벌레에 투사되었다. 돌멩이에 미끄러지고 돌부리에 걸려 넘어지고 바위에

막혀 길을 놓친 산속의 여정은 오직 '천천히'였을 것이다. 자벌레의 걸음은 아무리 급해도 제가 가진 속도를 넘어서는 법이 없다. 그것을 바라보는 사람의 시선이 급할 뿐. 시인은 보았다. '한 땀씩 기워 가듯' 한 걸음, 두 걸음 쉬지 않고 몸을 밀어 생명의 길을 터야 한다는 것을. 혼자 걷는 길이지만 주변의 사물들을 깨워 앞을 향해 단단하고 야무지게 길을 만들어 나가야 한다. '골짜기는 잡아당겨서 펴고/ 흐르는 등성이는 가라앉혀/ 잘 다린 옥양목 치마처럼 날개를 달아'서 지리산의 호흡과 특유의 숨결을 몸속에 새기면서 가야 한다. 일상을 살면서 때론 발걸음을 늦추어야 할 때가 있다. 눈에 뻔히 보이는 것도 한달음에 닿을 수 없는 일이 다반사다. 지금까지 얼마나 많이 부딪치고 고꾸라졌는가. 더 잘 살기 위해 애를 썼는가. 하지만 급하다고 앞만 보고 달려간다면 절벽 아래로 추락할 수 있다는 것을 안다. 오랜 시간 지리산을 찾으면서 체득된 것은 비우는 일이다. 알면 알수록, 얻으면 얻을수록 삶의 속도를 더 비워야 한다. 작은 욕심조차 아무 소용 닿지 않는다는 것을 본다. 때론 지나치기도 하고 되돌아오기도 하면서 나무뿌리에 걸려 넘어지기도 하면서 돌아서면 차오르는 욕심을 그때그때 또 내려놓아야 한다고. 그래야 진짜 '나를 만날 수 있고, 알 수 있다.'고 스스로에게 이른다. 시인이 지리산을 드는 많은 이유도 자세히 들여다보면 결국 하나라는 것을.

살빛을 초록으로 변색시키고
뼛속에 물도 흐르게 하고
긴 휘파람 소리를 내며
다시 지리산을 간다

내 가는 지리산에는
내 나무도 있고
내 바위도 있다
아무도 모르게 숨겨놓은 샘도 있다
모질게 심어 둔 내 길 위에서다

능선으로
계곡으로
주능으로
봉우리마다
거친 숨결을 갖다 두었다

산이 불러서 간다
산이 꼬집어서 간다
(중략)
비를 맞고 간다
눈보라를 안고 간다
바람을 쓰고 간다
땡볕을 이고 간다

―「다시 지리산을 간다」 앞부분

  지리산이 되고 싶은 사람들의 소망을 대변해 줄 한 편의 상쾌한 시 「다시 지리산을 간다」를 읽으면 지리산이 가진 것을 다시 확인할 수 있다. 혹 궁금한 사람을 위해 표지판이 되고 싶은 마음도 읽어낸다. '뼛속에 물도 흐르게 하고 / 긴 휘파람 소리를 내며/ 다시 지리산을 간다'는 쉽고도 간단한 방법을 구실 삼아 시인의 발뒤꿈치를 따라가면 지리산에 드는 것은 그리 어렵지 않을 것 같다. 총 7연으로 구성된 한 편의 시에서 어찌 지리산을 다 옮겨 풀어낼 수 있을까만, 최소한 지리산을 어떻게 만나야 하는지, 무엇을 들여다보아야 하는지, 나누어야 하는지 보여준다. 서로 일방적으로 얻어 들이기만 하거나 내놓기만 하는 것이 아니라 주고받는 관계가 될 때 산이 가진 것을 내어주며 내게로 다가오고 나 역시 산의 일부가 될 수 있다는 것을 일러준다. '비를 맞고 간다/ 눈보라를 안고 간다/ 바람을 쓰고 간다/ 땡볕을 이고 간다'만 견딜 수 있다면 충분조건이 된다. '지리산에서 돌아온 날은/ 어김없이 배가 아프다/ 산을 너무 많이 삼켰나보다/ 값을 치르지 않는 산이라고/ 산빛을 너무 많이 보았나보다/ 눈이 아프다/ 귀가 아프다/ 산새 소리를 너무 많이 들었나보다'(「뼈에 든 병」)에서처럼 가끔 탈이 나기도 한다. 역시 욕심 때문이라는 것을 시인은 고백한다. 넘치도록 삼켜서, 넘치도록 보아서, 넘치도록 들어서 생긴 탈이다 '산을 너무 탐하여', '소화해 내지 못한 지리산'을 다시 토해 놓아야 한다고 다짐한다.

　'지리산'을 제재로 다섯 번째 연작인 이 시집은 독자에게 자문, 자성을 과제로 남긴다. 그 속에 깃들 때는 무엇이 되고 싶거나 얻어야 하거나 무엇이거나 어찌해야 하거나를 굳이 따지지 말아야 한다는 것을. 셀 수 없는 시간을 통해 생성된 강렬한, 셀 수 없는 생명의 숨결을 주고받을 때 내가 닿고자 하는 내면의 시간을 만날 수 있다는 것을 보여주었다.